Göransson · Lindholm

Nybörjarsvenska

Nybörjarbok i svenska som främmande språk

Övningsbok

Kursverksamhetens förlag · Lund

Kopieringsförbud
Detta verk är skyddat av upphovsrättslagen! Kopiering är förbjuden utöver vad som anges i avtalet om kopiering i skolorna (UFB 4).

Den som bryter mot lagen om upphovsrätt kan åtalas av allmän åklagare och dömas till böter eller fängelse i upptill två år samt bli skyldig erlägga ersättning till upphovsman/rättsinnehavare.

Fotografierna av läppartikulationen hos långa svenska vokaler är hämtade ur Robert Bannert, *Svårigheter med svenskt uttal: Inventering och prioritering. Praktisk Lingvistik 5, 1980*. Institutionen för Lingvistik vid Lunds Universitet 1980.

Teckningar av Sven Nordqvist

Sjätte upplagan
© 1982 Ulla Göransson, Hans Lindholm
och Kursverksamhetens förlag, Lund
Tryckt hos Kristianstads Boktryckeri AB, Kristianstad 1994 79923
ISBN 91-7434-333-5

Innehåll

SVENSKA VOKALER Alfabetet 1
Uttalsövningar Kontrastiva par 2
Kontrastiva övningar Ordserier 10
SVENSKA KONSONANTER Uttalsövningar 13
SVENSK ACCENT Tryckaccent Kontrastiva par 16
Tonaccent Kontrastiva par 17
Uttalsövning Lärobokens text 1–5 18
ÖVNINGAR

1. **Vad heter de?** Personliga pronomen 21
   Pronomen Personliga pronomen 22
   Familjen berättar Styrd produktion 23
   Frågor och svar 'Vad/vem är det?' 24
2. **Matematik** Räkneord 25
   Var bor du? Adresser 26
   Vad har familjen Nilsson? Bostadstermer 26
3. **Vad är det?** 'Det är...' 28
   'Som' Relativ bisats 29
   Vem är det? Styrd produktion 30
4. **En konversation** Styrd produktion 31
   Transportmedel Trafiktermer 32
   'inte...utan' Satsbyggnad 33
   Ordföljd Omvänd ordföljd 33
   Skriv och berätta! Styrd produktion 34
   Frågor och svar 'Har...? Ja/Nej,...' 35
5. **Vad är klockan?** Klockan 36
   Verb Presens 37
   Ordföljd Omvänd ordföljd 37
   Hjälpverb och huvudverb Ordföljd 38
6. **Vad gör de?** Styrd produktion 40
   Pengar Räkneord 41
   När? Hjälpverb, klockan 42
   Vad kostar det? Räkneord 43
   Vad blir det? Räkneord 43
7. **Skriv och berätta!** Styrd produktion 44
   Ordföljd Rak och omvänd ordföljd 45
   Frågor och svar Styrd frågeproduktion 46
   När? Klockan 47
8. **Dygnets tider** Styrd produktion 48
   En turlista Klockan 49
   Läsförståelse Styrd produktion 50
9. **Obestämd och bestämd form** Substantiv 51
   Skriv och berätta! Fri produktion 53
10. **Frågor och svar** Styrd frågeproduktion 54
    'Vilken? vilket?' Frågeproduktion 54
    Frågor och svar Geografiska svar 55
11. **Plural** Obestämd form 56
    Plural Obestämd form 57
    Skriv och berätta! Fri produktion 58
12. **Possessiva pronomen** Singular 59
13. **Possessiva pronomen** Singular 60
    Adjektiv Attributiv ställning 61
    Tidsuttryck Datum Årtal 62
    Ett vykort Styrd produktion 63
14. **Adjektiv** Predikativ ställning 64
    Adjektiv och substantiv Attributiv ställning 65
    Skriv och berätta! Fri produktion 67
15. **Positioner** Prepositioner 68
    Ordföljd Rak och omvänd ordföljd 69
    Positioner Styrd produktion 69
    Läsförståelse Styrd produktion 71
16. **Substantivens deklinationer** Alla former 72
    Substantiv och pronomen Bestämd form 73
    Hur mycket kostar...? Substantivens best. form 74
    Befintlighet och riktning Rumsadverb 76
17. **Vad gör de?** Styrd produktion 77
    'Varför...?...för' Satsbyggnad 79
    En bildberättelse Fri produktion 80
18. **Frågor och svar** 'Ja/Jo/Nej'-svar 82
    Ett samtal i affären Styrd produktion 83
    Geografi Nationalitetstermer 84
19. **Vad ska de göra?** Futurum 86
    'vilken? – vad... för (en)?' Styrd frågeproduktion 87
20. **Tillåtet och förbjudet** Hjälpverb i presens 88
    Yrken Styrd produktion 90
    Frågor och svar 'Ja/Nej'-svar med hjälpverb 93
21. **Hur är vädret idag?** Vädertermer 94
    Väder Vädertermer 95
    Imperfekt Imperfekt Tidsuttryck 96
22. **Presens och imperfekt** Transskribering av texter 97
    Verbformer Presens Imperfekt 99
23. **Adjektiv och substantiv** Attributiv ställning 100
24. **Personliga pronomen** Objektsform 102
    Prepositioner Repetitionsövning 103
25. **Ordföljd** Placering av 'inte' 105
    Reflexiva pronomen Reflexiva verb i presens 106
    En bildberättelse Fri produktion 107
26. **Imperativ** Alla konjugationer Reflexiva verb 109
27. **Imperativ** Intransitiva och transitiva verb 110
    Riktning och befintlighet Rumsadverb 112
    Skiljetecken Interpunktion 113
28. **Ordföljd** Rak och omvänd ordföljd 114
    'Det finns/Finns det...?' Ordföljd 114
    'Så att' Satsbyggnad 115
29. **Imperfekt och perfekt** Tempusval Tidsuttryck 116
    Skriv och berätta! Fri produktion 117
30. **'Både...och/varken...eller'** Satsbyggnad 118
    Perfekt Fri produktion 119

31 **Satsadverb** Ordföljd 120
   Prepositioner Repetitionsövning 121
32 **Imperativ** Hövlighetsfraser 122
   Relativa pronomen 'som' i objektsställning 123
33 **Skriv och berätta!** Fri produktion 125
34 **Mat** Mattermer 126
35 **'Innan - medan - när'** Satsbyggnad 127
   Ordföljd Bisats efter huvudsats 128
   Vad gör de? Fri produktion 129
   En bildberättelse Fri produktion 130
36 **Adjektivets komparation** Komparativ 132
37 **Komparation** Superlativ i predikativ ställning 135
38 **Komparation** Superlativ i attributiv ställning 136
39 **Reflexiva verb** Ordföljd Tempus Hjälpverb 138
   Läsförståelse Fri produktion 140
40 **Possessiva pronomen** 'sin-sitt-sina' 141
   Civilstånd Civilståndstermer 141
41 **Possessiva pronomen** 'sin-sitt-sina' 143
42 **Adjektiv och adverb** Adverbbildning 145
43 **Adjektiv och substantiv** Utropssatser 147
   Ordföljd i utropssats Satsbyggnad 148
44 **Datum** Ordningstal Datumuttryck 149
   Skriv och berätta! Fri produktion 150
45 **Adjektiv och substantiv** Attributiv ställning 151
46 **Verbformer** Val av tempus 153
   Läsförståelse Fri produktion 154
47 **Rumsadverb** Sammansatta verb 156
   Prepositioner Repetitionsövning 156
48 **Ordkunskap** Sammansatta substantiv 158
49 **Ordföljd** Satsadverb i huvud- och bisats 161
   Läsförståelse Fri produktion 162
50 **Deponens** Presens Synonymer 163
   Ord och fraser Styrd produktion 164
51 **Deponens** Tempusval Synonymer 165
52 **Direkt och indirekt tal** Satsbyggnad 167
53 **Direkt och indirekt tal** Ordföljd 169
54 **'Därför - därför att'** Satsbyggnad 171
   Läsförståelse Fri produktion 172
55 **Verbformer** Tempusval 174
   Läsförståelse Fri produktion 175
   En bildberättelse Fri produktion 176
56 **Pluskvamperfekt och imperfekt** Ordföljd Tempusval 178
   Ordkunskap Sammansatta substantiv 179
   Läsförståelse Fri produktion 180
57 **Futurum** Olika typer av futurum 181
58 **'Stå, stanna, ställa'** Ordkunskap 183

Ordkunskap Rumsadverb 183
59 **'Kunna, veta, betyda, heta, mena'** Ordkunskap 185
   Frekvens Tidsuttryck 185
60 **Verbaladjektiv – presens particip** Attributiv ställning 187
   Presens particip Attributivt och efter 'komma' 188
   Läsförståelse Fri produktion 189
61 **'Genom att – utan att'** Val av konjunktion Satsbyggnad 190
   Storlek Tillämpning av för (=alltför) 191
62 **'Var, vart, här, hit, där, dit'** Val av adverb och konjunktion 192
   Ordkunskap Motsatser 193
63 **'Ingen – inte någon'** Huvudsats med flera verb Bisats 195
   Skriv och berätta! Fri produktion 196
   Likhet och olikhet '(inte)lika-likadan-samma' 196
64 **Vad blir resultatet?** Perf. particip i predikativ ställning 197
65 **Vad blir resultatet?** Perfekt particip av sammansatta verb i predikativ ställning 199
66 **Aktiv – passiv** Satsbyggnad Passivagent 200
67 **Resultat** Perfekt particip i predikativ ställning 202
   Ordföljd Satsbyggnad 202
   Formellt subjekt Användning vid rörelse- och positionsverb 204
   Läsförståelse Fri produktion 205
68 **Ordkunskap** Synonymer 206
   Tidsuttryck Tempus Tidsadverbial 206
69 **'Trots – trots att'** Val av preposition och konjunktion 208
   Skriv och berätta! Fri produktion 209
   Ordkunskap Verb- och adjektivbildning 210
   Konjunktioner Val av konjunktion 210
70 **Emfatisk omskrivning** Presens Imperfekt 212
   Ordkunskap Motsatser 212
   Läsförståelse Fri produktion 213
71 **Konditionalis** Nutid och dåtid Satsbyggnad 214
   Ordkunskap Motsatser 219
   Skriv och berätta! Fri produktion 219
72 **Perfekt particip och passiv** Passivbildning 220
   Ordkunskap Substantiv-, verb- och adjektivbildning 220
   En bildberättelse Fri produktion 222
73 **'Man'** 'Man – en – ens/sin, sitt, sina' 224
   Vad säger man... Kommunikativ kompetens 224
   Ordkunskap Substantiv- och verbbildning 225
   Vad kan man göra med en...? Ordkunskap 226
74 **'Ju... desto'** Satsbyggnad 228
   Ordkunskap Substantiv- och adjektivbildning 228
75 **Ordkunskap** Sammansatta substantiv Maskulin – feminin 232
   Förkortningar Tydning av förkortningar 233
   En bildberättelse Fri produktion 235

SVENSKA VOKALER

Man läser alfabetet och stavar så här:

A [a]	**G** [ge]	**M** [em]	**S** [es]	**Y** [y]
B [be]	**H** [hå]	**N** [en]	**T** [te]	**Z** [säta]
C [se]	**I** [i]	**O** [o]	**U** [u]	**Å** [å]
D [de]	**J** [ji]	**P** [pe]	**V** [ve]	**Ä** [ä]
E [e]	**K** [kå]	**Q** [ku]	**W** [dùbbelve]	**Ö** [ö]
F [ef]	**L** [el]	**R** [är]	**X** [eks]	

Göran Nilsson stavar namnet så här:

[ge] [ö] [är] [a] [en] [en] [i] [el] [es] [es] [o] [en]

Hur stavar *Lena Nyman* namnet?

Hur stavar *Milan Novak* namnet?

OBSERVERA!

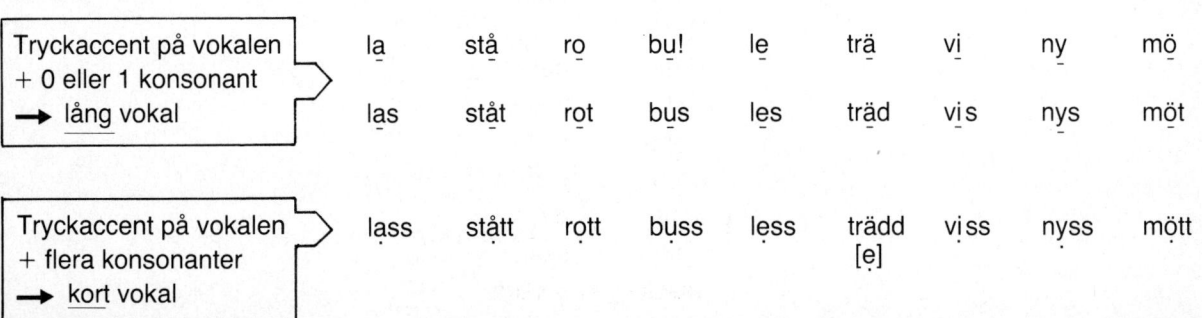

Uttalsövningar

A

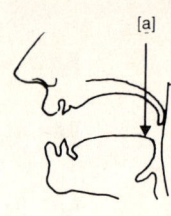 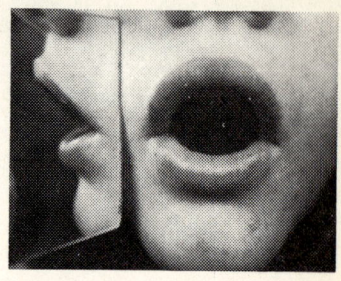

 [a̯]   [a]
glass   glas

OBSERVERA: *Kort vokal före -m och -n!*

	[a̯]	[a]
ka̯m	back	– bak
ha̯n	barr	– bar
ka̯n	dagg	– dag
ma̯n	damm	– dam
	grann	– gran
	hall	– hal
	kall	– kal
	matt	– mat
	tack	– tak
	tall	– tal
	vall	– val
	backa	– baka
	banna	– bana
	barra	– bara
	flagga	– flaga
	galla	– gala
	hacka	– haka
	kappa	– kapa
	ladda	– lada
	matta	– mata
	skatta	– skata
	smacka	– smaka

Å

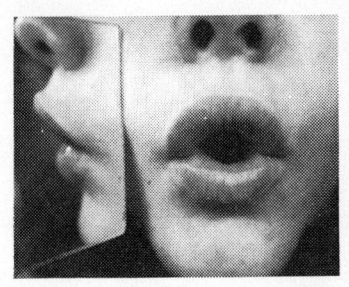

 tång   [å] kopp [å] kål  kol

		[å]	[å]			
OBSERVERA! *1 ljud men 2 bokstäver!*		borr	– bår	**OBSERVERA!** *1 ljud men 2 bokstäver!*		
		grått	– gråt			
		håll	– hål			
		kock	– kåk			
		logg	– låg			
		lott	– låt			
		noll	– nål			
		rådd	– råd			
		rock	– råk			
		sån	– son, sån			
		stått	– ståt			
		oss	– ås			
[o]	[å]	[å]	[o]	[o]	[å]
klo	– klå	dock	– dok	dom	– de, dem
mor	– mår	lock	– lok	Rom	– rom
nos	– nås	sopp	– sop	rott	– rått
snor	– snår	soppa	– sopa	trott	– trått
ro	– rå			skott	– skott
stor	– står				
os	– ås				
bok	– båk				
Bos	– bås				
bor	– bår				
botar	– båtar				
dosa	– dåsa				
otro	– åtrå				
skola	– skåla				

O

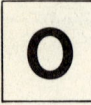 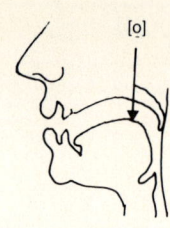 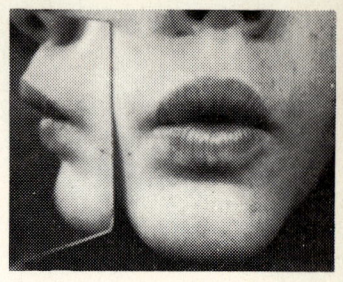

[o̬]   [o̬]
o̬st   sto̬l

bott — bot
rott — rot
skott — skot
kossa — kosa

OBSERVERA: *kort vokal i*
   ho̬n
   ho̬s
   to̬m

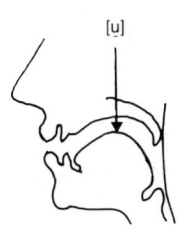
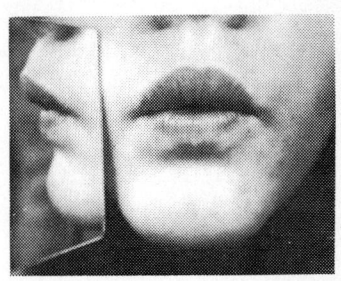

[u̯]   [u]
buss   hus

OBSERVERA: *kort vokal före -m och -n!*

	[u̯]	[u]	
dum	brunn	–	brun
rum	buss	–	bus
Gun	full	–	ful
mun	Gull	–	gul
	hutt	–	hut
	kull	–	kul
	russ	–	rus
	strutt	–	strut
	bussar	–	busar
	bugga	–	buga
	ducka	–	duka
	fulla	–	fula
	kulla	–	kula
	skutta	–	skuta
	sugga	–	suga
	slutta	–	sluta
	tunna	–	Tuna

OBSERVERA!
Gudrun
Skurup
Sturup
burnus

OBSERVERA!
djur + sjuk + hus = djursjukhus

E

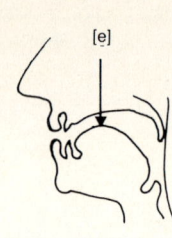
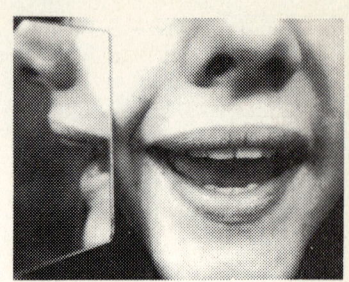

OBSERVERA: *kort vokal före -m och -n!*
- hem
- vem
- den
- en
- Sven

1

[e]	[e]
ett	brev
sedd	– sed
ledd	– led
fett	– fet
vett	– vet
hett	– het

Ä

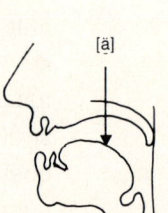
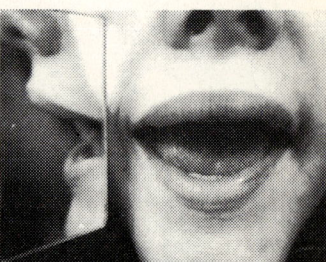

OBSERVERA: *e och ä före -j och -r!*

[ä]
- nej
- Gert
- berg
- herr
- verk, värk
- ärm
- färg
- värmeverk
- [ä] [e][ä]

[e]	[ä]
häst	väg
vägg	– väg
mätt	– mät
nätt	– nät
tätt	– tät
säll	– säl
rätt	– rät

OBSERVERA:

ett ljud men **två** bokstäver: [e] lett – lätt   [ä] verk – värk
                                              1   2   1   2

en bokstav men **tre** ljud: 1 [e]   veck   2 [e]   vek   3 [ä]   verk
                             1 [e]   vägg   2 [ä]   väg   3 [ä]   värk

I

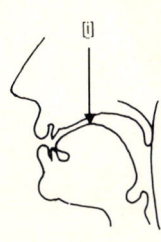 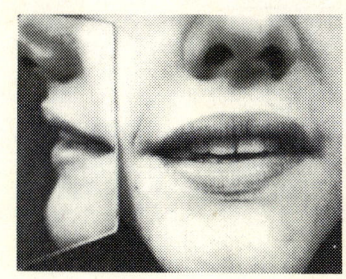

	[i]	[i]	
	fisk	bil	

OBSERVERA: *kort vokal i*
din
in
min
sin

Bill	—	bil
ditt	—	dit
fick	—	fik
finn	—	fin
ritt	—	rit
sill	—	sil
still	—	stil
spritt	—	sprit
vidd	—	vid
viss	—	vis
vitt	—	vit
ficka	—	fika
finna	—	fina
flicka	—	flika
lilla	—	lila
limma	—	Lima
stinna	—	Stina
slippa	—	slipa
spritta	—	sprita
smitta	—	smita
tigga	—	tiga
villa	—	vila
vinna	—	vina
vissa	—	visa

Y

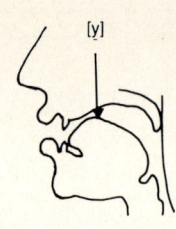 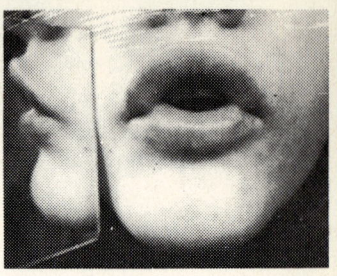

 [y]   [y]
rygg tyg

nyss   – nys
tydd   – tyd
syll   – syl
rycker – ryker
bytta – byta
syllar – sylar
flytta – flyta

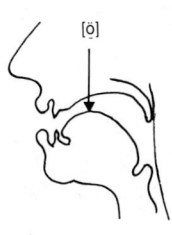 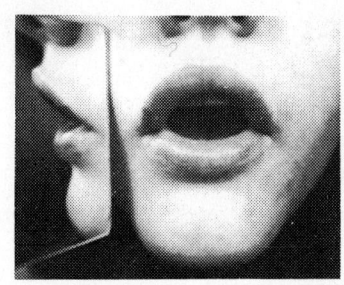

	[ö]		[ö]	
	möss		bröd	

OBSERVERA: *kort vokal i*　　högg　—　hög
　dröm　　　　　　　　　mött　—　möt
　glöm　　　　　　　　　nött　—　nöt
　sjön　　　　　　　　　 nödd　—　nöd
　　　　　　　　　　　　lönn　—　lön
　　　　　　　　　　　　kött　—　tjöt
　　　　　　　　　　　　sjön　—　skön
　　　　　　　　　　　　mötta　—　möta
　　　　　　　　　　　　stödda　—　stöda
　　　　　　　　　　　　lödda　—　löda
　　　　　　　　　　　　nötta　—　nöta
　　　　　　　　　　　　skötta　—　sköta

Kontrastiva övningar

Läs högt!

bad	båt	fall	hall	lass
bod	bott	fal	hal	las
bud	bot	fåll	håll	lås
bed	bett	full	hål	loss [å]
bedd, bädd [e]	bet	ful	hull	los
*	bit	fäll [e]	hel	lus
	bytt	fel	häll [e]	less
back	byt	fil	häl	les
bak	*	fyll	höll	läs
bock [å]		föll	*	Liz
båk		föl	har	lyss
bok	dock [å]	*	hår	lys
buk	dok		hor	löss
beck, bäck [e]	duk	far	hur	lös
byk	däck [e]	får	herr	*
bök	dök	for	här	
*	*	fur	hyr	mall
		fyr	hör	mal
barr		förr	*	moll [å]
bar	damm	för	kall	mål
borr [å]	dam	*	kal	mol
bår, bor [å]	dom [å]		koll	mil
bor	de, dem [å]	fatt	kål, kol [å]	*
burr	dom [o]	fat	kjol	
bur	dum [u]	fått	Kjell	man
ber	dämm [e]	fot	kel	man
bär	döm [ö]	fett	kil	månn
bör	*	fet	kyl	mån
*		fött	köl	mon
bas	fann	*	*	mun
bås	fan	grann	lån	men, män [e]
Bos	fån	gran	lon	men
buss	finn	gren	len	min
bus	fin	grin	län	min
bes	Fyn	gryn	lönn	mön
bis	fön	grön	lön	*
bys	*	*	*	
*				

mas	par	sal	tar	vadd
mås	porr	såll	torr [å]	vad
mousse [o]	por	sol	tår	våd
mos	pur	säll [e]	Tor	ved
mus	Pär	sel	tur	vidd
mäss [e]	pirr	säl	ter	vid
mes	pir	sill	tär	*
miss	pyr	sil	tör	
mys	*	syll	*	
möss		syl		
mös		söl		
*		*		
	ras			
matt	rås	tagg		
mat	ros	tag		
mått	russ	tåg		
mot	rus	tog		
mätt [e]	ris	teg		
mät	ryss	tigg		
mitt	rys	tig		
myt	rös	tyg		
mött	*	*		
möt				
*				

Läs högt!

badda	backa	balla	banna	båta
bada	baka	bila	bana	bota
Boda	bocka [å]	bulla	bona	beta
budda	boka	bula	bena	bita
buda	becka	*	bina	byta
bädda	böka		böna	böta
båda	*		*	*
Böda				
*				

11

falla	ladda	mala	packa	reta
fala	lada	målla	pocka [å]	räta
fålla	loda	måla	puka	rita
fulla	låda	mola	peka	ryta
fula	ledda	mula	picka	röta
fälla [e]	leda	mila	pika	*
fela	lida	mylla	*	
fila	lyda	mölla		sala
fylla	lödda	*	racka	sålla
föla	löda		raka	sola
*	*		rocka [å]	sula
		mana	råka	sela
fara		måna	rucka	sälla [e]
fåra	lagga	mena	räcka [e]	söla
fora	laga	minna	reka	*
fura	låga	mina	räka	
fira	logga [å]	mynna	ricka	sanna
fyra	lugga	*	rika	sona
förra	lägga [e]		rycka	sena
föra	lega		ryka	sina
*	ligga	massa	röka	syna
	liga	masa	*	*
	*	mossa [å]		
hala		mosa	rasa	satta
håla		musa	rosa	såta
hålla		mässa [e]	rosa [å]	sota
hälla [e]	lassa	mesa	rusa	sätta [e]
hylla	lossa [å]	mysa	resa	zäta
*	låsa	mössa	risa	sitta
	lussa	*	rysa	söta
	lusa		rösa	*
kalla	lässa [e]	nasa	*	
kala	läsa	nosa		taga
kolla [å]	lissa	nesa	ratta	tåga
kola [å]	Lisa, leasa	näsa	rata	tugga
kola	lysa	nysa	råtta	tega
kulla	lösa	*	rota	tigga
kula	*		rätta [e]	tiga
*				*

SVENSKA KONSONANTER

Uttalsövningar

[s]

sela
säll
sända
sära
Särna
sina
sinka
syl
socka
söt
sött

[tj]

kela
Kjell
kända
kära, tjära
kärna
Kina
kinka
kyl
tjocka
tjöt
kött

[sj]

skela
skäll
skända
skära
stjärna
skina
skinka
skyl
chocka
sköt
skött

[j]

jätte
gäll
gina
djärv, järv
gärna
gjuta
göt
gött

[tj]

kätte
Kjell
Kina
kärv
kärna
tjuta
tjöt
kött

[sj]

sjätte
skäll
skina
skärv
stjärna
skjuta
sköt
skött

[ɖ]	[ɭ]	[ɳ]	[ʂ]	[ʈ]
ord	pärla	barn	kurs	ort
gård	farlig	hörn	kors [å]	kort
gjorde	härlig	gärna	person	kort [å]
fjärde	Arlanda	Arne	varsågod	sorters [å]
hårda	Karlsson	skorna	torsdag	hjärta
färdig		järnväg	förstå	Lennart
			första	

OBSERVERA: *vokalen är lång före* **[ɖ], [ɭ], [ɳ]**

Kontrastiva övningar

torn   ton

[ɖ]	[d]	[ɭ]	[l]	[ɳ]	[n]	[ʂ]	[s]	[ʈ]	[t]
bord – bod		Karl – kal		torn – ton		mors – mos		fort – fot	
rörd – röd		porla – påla		korn – kon		bars – bas		fort [å] – fått	
mord – mod		[å]		hörna – höna		rörs – rös		sort [å] – sått	
vård – vad				varna – vana		års – ås		fart – fat	
störda – stöda				värna – väna		vars – vas		lurt – lut	
härda – häda				pantern – panten		fars – fas		sport [å] – spott [å]	
				barnvakt – banvakt		morse – mosse [å] [å]			

[ng]

[ng]- ljudet

må	ng	a
re	g	n
ba	n	k

OBSERVERA: *vokalen är alltid kort före [ng]-ljudet!*

lång	långa	regn	regnar	bank	banker
säng	sängar	vagn	vagnar	hink	hinkar
tung	tunga	ugn	ugnar	bänk	bänkar
ring	ringer	lugn	lugna	tank	tankar
äng	ängar		Agneta	stänk	stänker
trång	trånga		Agnes		tanke
ung	unga		Ragnar		vinka
gäng	gänga		Signe	Bengt	rynka
gång	gånger			tänkt	blänka
kung	kungar			långt	blanka
sjöng	sjunga			tungt	blinka
sång	gunga			ringt	
tidning	hungrig				
restaurang	kunglig				
	längre				
	yngre				
	tyngre				
	ringde				

Ingen aning!
många långa trånga gångar
Ragnar springer långt i regnet

SVENSK ACCENT

Tryckaccent

Kontrastiva övningar

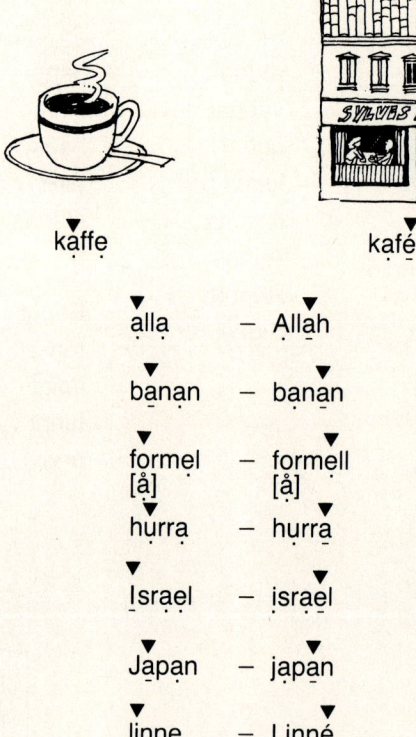

kaffe   kafé

▼   ▼
alla — Allah

▼   ▼
banan — banan

▼   ▼
formel — formell
[å]   [å]

hurra — hurra

▼   ▼
Israel — israel

▼   ▼
Japan — japan

▼   ▼
linne — Linné

▼   ▼
Nilen — Nilén

▼   ▼
parat — parat

▼   ▼
racket — raket

▼   ▼
trumpet — trumpet

Tonaccent

Kontrastiva övningar

	ingen tonaccent	tonaccent	
	▼ skuren	▼ skuren	
	▼ anden	– ▼ anden	
	▼ biten	– ▼ biten	
	▼ brunnen	– ▼ brunnen	
	▼ gången	– ▼ gången	
	▼ regel	– ▼ regel	
	▼ stegen	– ▼ stegen	
	▼ tomten [å]	– ▼ tomten [å]	
	▼ värden, världen	– ▼ värden	

 stor stad — ▼ storstad

fem ton [å] — ▼ femton [å]

små barn — ▼ småbarn

Uttalsövning

▼ satsaccent och tryckaccent
` tonaccent
. kort vokal   Studera sidorna 10–13 i Läroboken!
‾ lång vokal
/ uttalas inte

Läs texten högt! (Text 1)

En familj

Hej!

Jag heter Göran Nilsson. Jag har en fru. Hon heter
    [j]   [å]
Ulla Nilsson. Vi har två barn, en pojke och en flicka.
     [å]   [å] [å]
Han heter Kalle, och hon heter Berit. Vi bor i en
            [å]
lägenhet i ett hus. Det ligger på Storgatan tolv i Lund.
                                      [å]
Lund är en stad. Den ligger i Sverige. Sverige är ett
     [e]   [ä][j]   [ä][j] [e]
land. Det ligger i Europa.

Läs texten högt! (Text 2)

Ett hus i Lund

Familjen Nilssons lägenhet är på tre rum och kök.
         [å]   [e]   [å] [tj]
De har ett vardagsrum och två sovrum. De har också
[dåm]   [å]   [å] [dåm]   [å]
ett kök, en hall, ett badrum och en balkong.
[tj]   [å]   [å][ng]
Familjen Svensson bor också på Storgatan tolv. De har
              [å]   [å]   [å]   [dåm]
tre barn. Svenssons har en lägenhet på fyra rum och
     [å]   [å]
kök. De har ett vardagsrum och tre sovrum.
[tj] [dåm]   [å]   [å]

18

Läs texten högt! (Text 3)

Familjen Svensson

Familjen Svensson består av fem personer. Det finns en far och en mor och tre barn i familjen. Birgitta och Erik har en son, som heter Olle och är sexton år, en dotter, som heter Anna och är tretton år, och en som heter Karin och är två år.

Familjen har också en hund, som heter Karo.

Svenssons bor på bottenvåningen i huset, och det är bekvämt för en barnfamilj.

Birgitta är hemmafru, men Erik arbetar i Malmö på en bilverkstad. Han är bilmekaniker.

Läs texten högt! (Text 4)

Nilssons

Göran Nilsson är murare. Han bygger hus. Göran har en bil. Varje dag kör han bil till arbetet.

Ulla Nilsson är inte hemmafru. Hon är kassörska och hon arbetar på ett varuhus. Hon sitter i kassan. Hon har inte någon cykel, utan hon åker buss till arbetet. Från busshållplatsen går hon till varuhuset.

Kalle Nilsson är fjorton år. Han arbetar inte. Han går i

skolan i årskurs sju. Kalle har en cykel. Han cyklar till
        [sj]
skolan. Efter skolan cyklar han hem. Kalle har en katt,

som heter Måns. Måns hatar Svenssons hund. Berit Nilsson
[å]   [å]   [å]
är sjutton år, och hon går också i skolan. Berit cyklar inte,
[e] [sj] [å]   [å]   [å]
och hon åker inte buss, utan hon promenerar till skolan.
[å]

Läs texten högt! (Text 5)

Bo kommer för sent
 [å]
Klockan är halv åtta på morgonen. Bo Lundin står och
[å]   [e]   [å] [å]   [å]
väntar på bussen till universitetet, men den kommer inte.
[e]   [å]
Bo går fram och tillbaka på busshållplatsen, men bussen
              [å]
kommer fortfarande inte. Bo tittar på klockan. Den är kvart
[å]   [å]   [e]
i åtta, och lektionen i engelska börjar kvart över åtta.
       [å]   [sj]   [ng]
Bo börjar gå till universitetet, men han kommer inte dit
                                                    [å]
förrän klockan halv nio. Han kommer för sent.
 [e]   [å]   [å]
Klockan tio slutar lektionen, och då börjar Bo gå till
[å]   [sj]   [å]
busshållplatsen. Men då kommer bussen! Den kommer för tidigt!
                                [å]   [å]
Bo börjar springa, men han hinner inte. Han kommer för sent
           [ng]   [å]
igen. Bussen kör vidare, och Bo börjar gå hem. Han är inte
[j]   [å]   [e]
hemma förrän kvart i elva. Han har verkligen otur idag!
             [e]

20

1
Vad heter de?

Exempel:

Göran — *Jag heter Göran.* — jag

1 Åke — _____ — jag

2 Ingrid — _____ — du

3 Sven — _____ — han

4 Eva — _____ — hon

5 Lund — _____ — den

6 Sverige — _____ — det

7 Torsten Greta — _____ — vi

8 Erik Birgitta — _____ — ni

9 Svensson — _____ — de

Pronomen

A Skriv rätt pronomen!

Exempel: Danmark är ett land. _Det_ ligger i Europa.

1 Ingrid har en pojke. _____ heter Mats.

2 Åke har en fru. _____ heter Eva.

3 Erik och Birgitta har tre barn. _____ heter Olle, Anna och Karin.

4 Lund är en stad. _____ ligger i Sverige.

5 Ulla har en man. _____ heter Göran.

6 Torsten har en fru. _____ heter Greta.

7 Göran och Ulla har två barn. _____ heter Kalle och Berit.

8 Sverige är ett land. _____ ligger i Europa.

9 Kalle bor på en gata. _____ heter Storgatan.

10 Göran bor i ett hus. _____ ligger på Storgatan.

B Skriv meningar!

Exempel: flicka/Berit   _Det är en flicka._ _Hon heter Berit._

1 pojke/Kalle

2 familj/Nilsson

3 stad/Lund

4 gata/Storgatan

5 land/Sverige

6 flicka/Ingrid

7 man/Göran

8 kvinna/Ulla _____ _____

9 två barn/Berit, Kalle _____ _____

10 barn/Anna _____ _____

Familjen berättar

Skriv meningarna färdigt!

en far (pappa)   Göran   en mor (mamma) Ulla   en bror   Kalle   en syster   Berit

Hej. Jag _____ Ulla Nilsson. Jag _____ en man. Han _____ Göran Nilsson. Vi _____ en pojke och en flicka. Han _____ Kalle och hon _____ Berit. Vi _____ i ett hus på Storgatan 12 i Lund.

Hej. _____ heter Kalle Nilsson. _____ har en pappa och en mamma. _____ heter Göran och _____ heter Ulla. _____ har en syster. _____ heter Berit _____ bor i ett hus på Storgatan 12 i Lund.

Hej. _____ _____ Berit Nilsson. _____ _____ en pappa och _____ _____. _____ Göran och _____ Ulla. _____ _____ en _____ Kalle. _____ _____ _____ _____ Storgatan 12 _____ Lund.

23

Frågor och svar

Titta också på sidan 8–9 i läroboken!

Exempel: Vem är det?   *Det är Göran Nilsson.*

1 _____? _____
2 _____? _____
3 _____? _____
4 _____? _____
5 _____? _____
6 _____? _____
7 _____? _____
8 _____? _____
9 _____? _____
10 _____? _____

2
Matematik

A Skriv med bokstäver!

Exempel: 3 + 4 = 7   _Tre plus fyra är sju._

1   8 − 6 = 2

2   5 + 9 = 14

3   13 − 1 = 12

4   3 × 7 = 21

5   10 + 12 = 22

6   42 : 7 = 6

7   17 + 7 = 24

8   8 × 9 = 72

9   44 − 16 = 28

10 27 : 9 = 3

B Skriv med bokstäver!

Exempel:

98	61	87	111
nittioåtta			
18	14	436	707

Var bor du?

Exempel:

Var bor Göran Nilsson? *Han bor på Storgatan 12 i Lund.*
(Storgatan 12, Lund)

1. Var bor Sonja Ekström?
   (Tvärgränd 23, Göteborg)

2. Var bor Sten Olsson?
   (Nygatan 15, Malmö)

3. Var bor Anita Björk?
   (Vårgatan 37, Umeå)

4. Var bor Knut Andersson?
   (Skolgatan 47, Halmstad)

5. Var bor fru Siv Malmström?
   (Malmövägen 18, Helsingborg)

6. Var bor du?

Vad har familjen Nilsson?

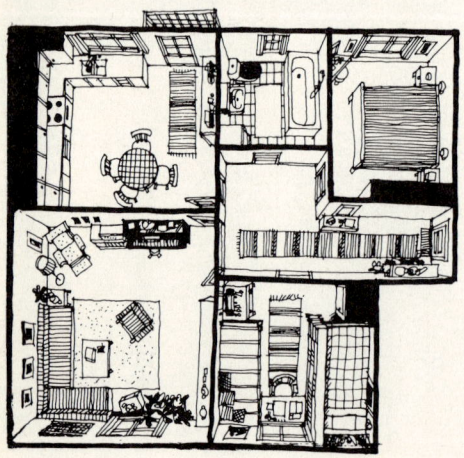

Exempel: *De har en lägenhet på tre rum och kök.*

1 _____

2 _____

3 _____

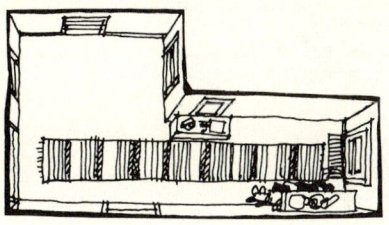

4 _____

5 _____

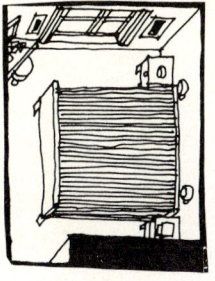

6 _____

27

3
Vad är det?

Exempel: *Det är en familj.*

1.
2.
3.
4.
5.
6.
7.
8.
9.
10.

Som

Gör en mening!

Exempel:

De har en flicka. Hon heter Karin.

De har en flicka, som heter Karin.

Familjen har en hund. Den heter Karo.

___

Hon har en man. Han heter Erik.

___

De har en pojke. Han är sexton år.

___

De bor i ett hus. Det ligger i Lund.

___

Berit har en mor. Hon heter Ulla.

___

Kalle har en syster. Hon heter Berit.

___

Familjen Svensson har tre barn. De heter Olle, Anna och Karin.

___

Familjen Nilsson har en lägenhet. Den är på tre rum och kök.

___

Sverige är ett land. Det ligger i Europa.

___

Vem är det?

Titta på presentationen på sidorna 6–7 i läroboken!

Exempel:

Bo Lundin   *Bo Lundin är 23 år.*   *Han är student.*

1 Monika Holm

2 Sven Berg

3 Erik Svensson

4 Ingrid Ek

5 Åke Hellström

4
En konversation

Skriv frågor och svar!

? Eva, Ulla, Berit, Anna — Berit.

Vad _____

? Lund, Stockholm, Umeå, Uppsala — Stockholm.

Var _____

? 10 år 60 år 1 år 20 år — 23 år.

Hur _____

 ? — Nej.

_____

 ? — Ja.

_____

31

Transportmedel

Exempel: Hur kommer Ulla till varuhuset?
(Titta också på sidan 208–209 i läroboken!)

Hon åker buss.

1 Hur kommer Kalle till skolan?

2 Hur kommer Åke till hotellet?

3 Hur kommer Olle till skolan?

4 Hur kommer Matilda till sjukhuset?

5 Hur kommer Svea Lindberg till Emma?

6 Hur kommer bonden till staden?

7 Hur kommer Berit till skolan?

8 Hur kommer familjen Andersson till centrum i Norrköping?

9 Hur kommer Göran till arbetet?

10 Hur kommer Eva till Paris?

11 Hur kommer Monika till Köpenhamn?

inte ... utan

A Skriv meningarna färdigt!

Exempel: Bo/springer/går   *Bo springer inte, utan han går.*

1 Anna/cyklar/åker buss

2 Ulla/arbetar på Domus/är hemmafru

3 Kalle/kör bil/cyklar

4 Göran/studerar/arbetar

5 Berit/åker buss/promenerar till skolan

B Skriv meningarna färdigt!

Exempel: Kalle/har/en hund/en katt   *Kalle har inte en hund utan en katt.*

1 Ove/har/en lägenhet/ett rum

2 Pelle/har/en syster/en bror

3 Elsa/har/en son/en dotter

4 Kalle/är/en flicka/en pojke

5 Sverige/är/en stad/ett land

Ordföljd

Skriv meningar! Börja med det kursiverade ordet!

Exempel: Familjen Nilsson bor *på Storgatan 12.*

På Storgatan 12 bor familjen Nilsson.

1 Kalle cyklar *till skolan.*

2   Ulla arbetar *på ett varuhus.*

3   Berit är *sjutton år.*

4   Jag heter *Kalle.*

5   Vi bor *i Lund.*

6   Vi heter *Svensson.*

7   Ulla går *från busshållplatsen.*

8   Katten heter *Misse.*

9   Han är *murare.*

Skriv och berätta!

Berätta om familjen Olsson med hjälp av orden:

Familjen Olsson   Tunavägen 18   Umeå   ingenjör   hemmafru   två barn   Bodil   tio år   Per   åtta år   skolan   herr Olsson   bil   arbetet   Bodil cyklar   skolan   Per   går   skolan   fru Olsson   buss   Domus   mat.

Familjen Olsson bor

Frågor och svar

Exempel:

| Erik / cykel | Har Erik någon cykel? | Ja, det har han. |
| Kalle / bil | Har Kalle någon bil? | Nej, det har han inte. |

Ulla / cykel _____? _____

Kalle / hund _____? _____

Göran / bil _____? _____

Huset / fönster _____? _____

Göran / buss _____? _____

Svenssons / katt _____? _____

Köket / fönster _____? _____

Rummet / balkong _____? _____

Lägenheten / hall _____? _____

Bussen / hållplats _____? _____

5
Vad är klockan?

Exempel:

Klockan är sex.

Verb

Skriv meningarna färdigt!

Exempel: tala   Bo _talar_ engelska.

1 bygga   Göran _____ hus.

2 arbeta   Ulla _____ på ett varuhus.

3 cykla   Olle _____ hem.

4 springa   Bo _____ till bussen.

5 komma   Bussen _____ inte i tid.

Ordföljd

Skriv meningarna med rätt ordföljd!

Exempel: Klockan åtta/damen/ska/börja   _Klockan åtta ska damen börja._

1 Kvart över åtta/Kalle/börja/skolan   _____.

2 Olle/sluta/lektionen/klockan tolv.   _____.

3 Klockan halv åtta/Erik/ska/börja/arbetet.   _____.

4 Arbetet/sluta/klockan halv fem.   _____.

5 Bo/kan/tala/engelska.   _____?

6 När/bussen/komma.   _____?

7 Olle/kan/cykla.   _____?

8 Ulla/ska/åka/buss/till arbetet.   _____.

9 Klockan fem/Berit/promenera/hem.   _____.

10 Du/kan/komma/klockan nio.   _____?

Hjälpverb och huvudverb

A   Exempel: (börjar) Han arbetar klockan åtta.   *Han börjar arbeta kl. 8.*

1   (slutar) Han arbetar klockan fem.

2   (ska) Han går till universitetet.

3   (kan) Bo talar engelska.

4   (börjar) Hon lagar mat klockan fem.

5   (ska) Berit cyklar till skolan idag.

6   (slutar) De talar när bussen kommer.

7   (börjar) Bussen kör.

8   (kan) Erik kör bil.

9   (börjar) Hon tittar på TV klockan sju.

10   (ska) Göran läser tidningen nu.

B Skriv en fråga.

Exempel: *Kan Bo tala engelska?* Ja, det kan han.

1 _____? Nej, det kan han inte.

2 _____? Ja, det har hon.

3 _____? Ja, det ska han.

4 _____? Nej, det har hon inte.

5 _____? Nej, det ska han inte.

6 _____? Ja, det ska hon.

7 _____? Ja, det kan han.

8 _____? Nej, det har han inte.

9 _____? Ja, det har han.

10 _____? Nej, det kan hon inte.

6
Vad gör de?

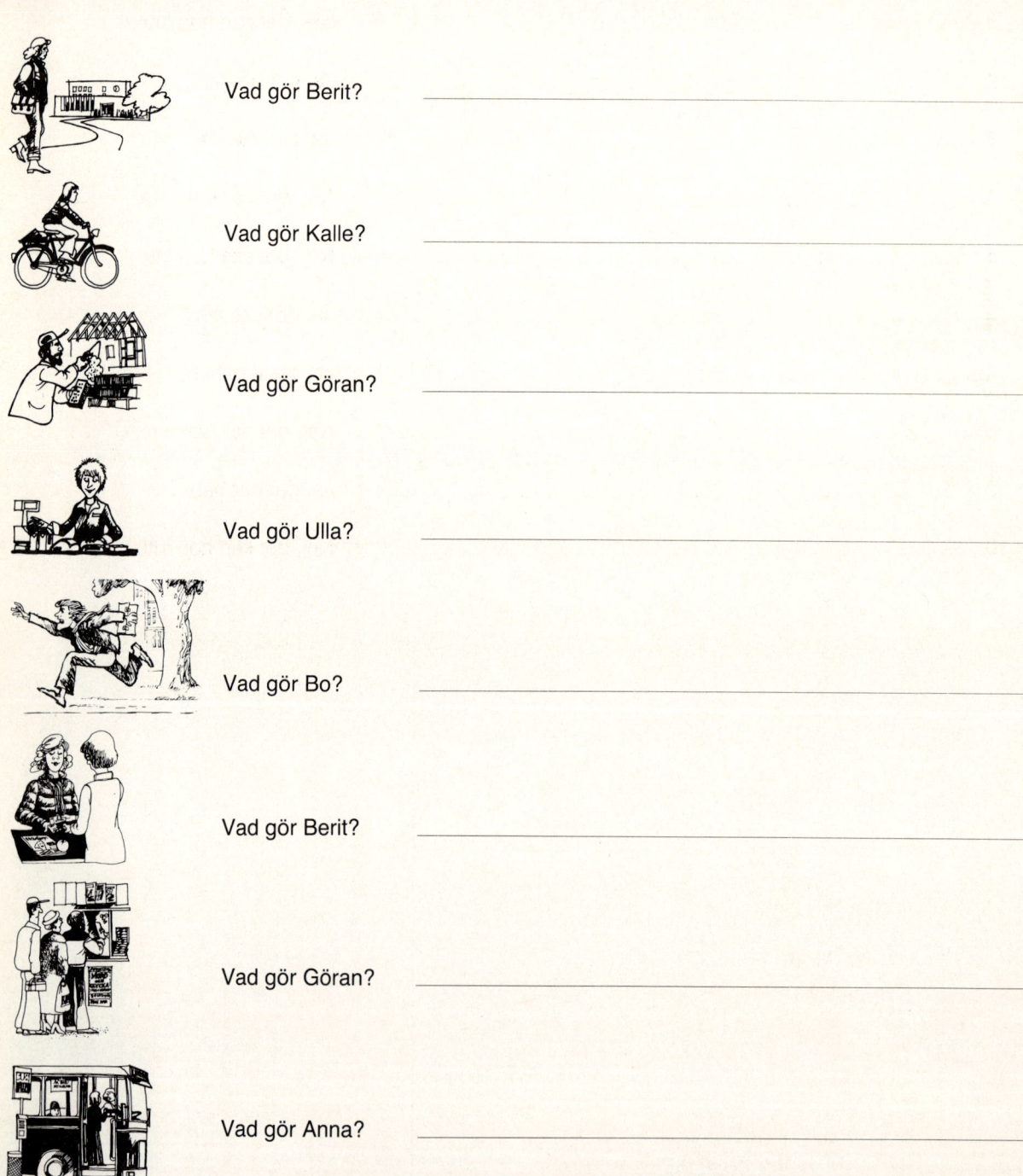

Vad gör Berit?

Vad gör Kalle?

Vad gör Göran?

Vad gör Ulla?

Vad gör Bo?

Vad gör Berit?

Vad gör Göran?

Vad gör Anna?

Pengar

A Vad är det?

   Exempel:

    _Det är en tjugolapp._

    1 _____   5 _____

    2 _____   6 _____

    3 _____   7 _____

    4 _____   8 _____

B Hur mycket är det?

   Exempel: _Det är en och femtio._

      1 _____

      2 _____

      3 _____

       4 _____

       5 _____

När?

Svara på frågorna!

Exempel:

 När börjar Åke arbeta? *Han börjar arbeta klockan halv nio*

 1 När börjar skolan?

 2 När slutar Ulla arbeta?

 3 När ska Birgitta handla?

 4 När börjar Bo studera?

 5 När ska han komma hem?

Vad kostar det?

A en liter mjölk, 6 kr
D en bit ost, 41:50 kr

B ett paket smör 20:50 kr
E ett paket korv, 24:50 kr

C en limpa, 24:50 kr
F en tidning, 6 kr.

Svara på frågorna!

Exempel:

A Vad kostar mjölken?   *Den kostar sex kronor.*

B Vad kostar smöret?

C _____ ?

D _____ ?

E _____ ?

F _____ ?

Vad blir det?

Ulla Nilsson är i en affär. Hon tar två liter mjölk, en limpa, en bit ost och ett paket smör. Vad blir det?

Berit tar ett paket korv, en limpa och en liter mjölk. Vad blir det?

Göran tar en tidning och en bit ost. Vad blir det?

7
Skriv och berätta!

Berätta om Birgitta Svenssons syster med hjälp av orden.

Birgitta Svensson   syster   Bodil   Lund   Göteborg   tvårumslägenhet   Götgatan 7   lärare   skola   klockan sju   frukost   radio   kvart i åtta   arbetet   börjar   kvart över åtta   slutar   halv fyra   hem   affär   mjölk   hem   halv fem   tidningen   middag   tv.

Birgitta Svensson har en syster som

Ordföljd

Skriv meningar. Börja med det kursiverade ordet!

Exempel:

    2   2
Vi börjar *klockan åtta*.   Klockan åtta börjar vi.

Karin äter lunch *klockan ett*. _____*Klockan ett äter Karin lunch.*_____

1 Bussen går *klockan halv nio*. _____

2 Erik köper en tidning *klockan sju*. _____

3 Han går hem *sedan*. _____

4 Han dricker kaffe *då*. _____

5 Olle tittar på TV *klockan halv åtta*. _____

6 Han dricker kaffe *sedan*. _____

7 Svea arbetar *mellan klockan nio och klockan tolv*. _____
   _____

8 Mats vaknar *klockan kvart över åtta*. _____
   _____

9 Klockan nio börjar *kafferasten*. _____*Kafferasten börjar klockan nio.*_____

10 Då dricker *vi* kaffe. _____

11 Sedan arbetar *vi*. _____

12 Klockan fyra går *vi* hem. _____

13 Klockan halv fem är *vi* hemma. _____

Frågor och svar

Läs text 4 och skriv frågor!

Exempel:

Var bor Göran Nilsson? — Han bor på Storgatan 12 i Lund.

1. _____ Han är 43 år.
2. _____ Han är murare.
3. _____ Han arbetar på ett bygge.
4. _____ Han börjar klockan sju.
5. _____ Han har kafferast mellan halv tio och tio.
6. _____ Han slutar klockan fyra.
7. _____ Hon heter Ulla.
8. _____ Hon är 38 år.
9. _____ Hon är kassörska.
10. _____ Hon arbetar på ett varuhus i centrum.
11. _____ Hon arbetar mellan nio och två.
12. _____ De går i skolan.
13. _____ Han börjar klockan åtta.
14. _____ Hon slutar klockan halv två.
15. _____ Hon är 17 år.

När?

Svara på frågorna!

Exempel: När arbetar Erik? *Han arbetar mellan halv åtta och halv fem.*

1. När arbetar Olof?
2. När äter Erik lunch?
3. När äter Olof lunch?
4. När tittar Erik på TV?
5. När är Anna i skolan?
6. När badar Bo?
7. När äter Erik middag?
8. När har Kalle lektion i geografi?
9. När studerar Bo?
10. När studerar Du svenska?

8
Dygnets tider

A Skriv om meningarna.

Exempel:

Det är morgon och klockan är sju. *Klockan är sju på morgonen.*

Det är förmiddag och klockan är tio. _____

Det är eftermiddag och klockan är tre. _____

Det är kväll och klockan är nio. _____

Det är natt och klockan är ett. _____

B Skriv frågor och svar!

Exempel:

Ingrid / morgon / äter frukost

Vad gör Ingrid på morgonen ? *På morgonen äter Ingrid frukost.*

Bo / förmiddag / studerar engelska

_____ ? _____

Birgitta / eftermiddag / handlar mat

_____ ? _____

Erik / kväll / tittar på TV

_____ ? _____

Kalle / natt / sover

_____ ? _____

En turlista

Eslöv–Malmö

km							
0	Eslöv		13.33	13.42	13.54		14.28
8	Örtofta				14.01		14.35
12	Stångby				14.05		14.39
17 t	Lund		13.45	13.55	14.11		14.45
17 fr	Lund	13.19	13.47	13.56	14.12	14.43	14.46
22	Uppåkra	13.24			14.17		14.51
25	Åkarp	13.27			14.20		14.54
34	Malmö C	13.35	14.00	14.10	14.28	14.57	15.02

Malmö–Eslöv

	Malmö C	17.05	17.11	17.43	18.00	18.29	18.34
	Åkarp		17.19	17.51		18.37	
	Uppåkra		17.22	17.55		18.40	
t	Lund	17.17	17.27	18.01	18.11	18.45	18.48
fr	Lund	17.18	17.28	18.02	18.13	18.46	
	Stångby		17.33	18.07		18.51	
	Örtofta		17.37	18.11		18.55	
	Eslöv	17.29	17.45	18.20	18.24	19.03	

t = till   fr = från

1 När går första tåget från Lund? _____

2 När kommer det till Malmö? _____

3 När går första tåget från Eslöv? _____

4 När kommer det till Lund? _____

5 När måste du resa från Lund för att vara i Malmö klockan 15.02?

6 När måste du resa från Eslöv för att vara i Lund klockan 14.45?

7 När går första tåget från Malmö till Lund? _____

8 När kommer det till Lund? _____

9 När går första tåget från Lund till Eslöv? _____

10 När kommer det till Eslöv? _____

Läsförståelse

1 Var arbetar Ingrid?

2 Vad är hon?

3 Vad gör Ingrid på bilden?

4 Hur gammal är Mats?

5 Vad blir Mats, när mamma kommer?

6 Vad gör Mats och Ingrid sedan?

7 Vad gör de i affären?

8 Vad gör de efter middagen?

9 Vem sitter barnvakt ibland?

10 Vad gör Mats på natten?

9

Obestämd och bestämd form

Exempel:

 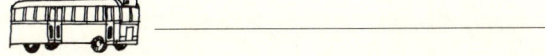 en dam   damen   7  _____

1  _____   8 _____

2  _____   9  _____

3  _____   10 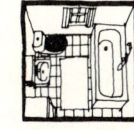 _____

4  _____   11  _____

5 _____   12 _____

6  _____   13  _____

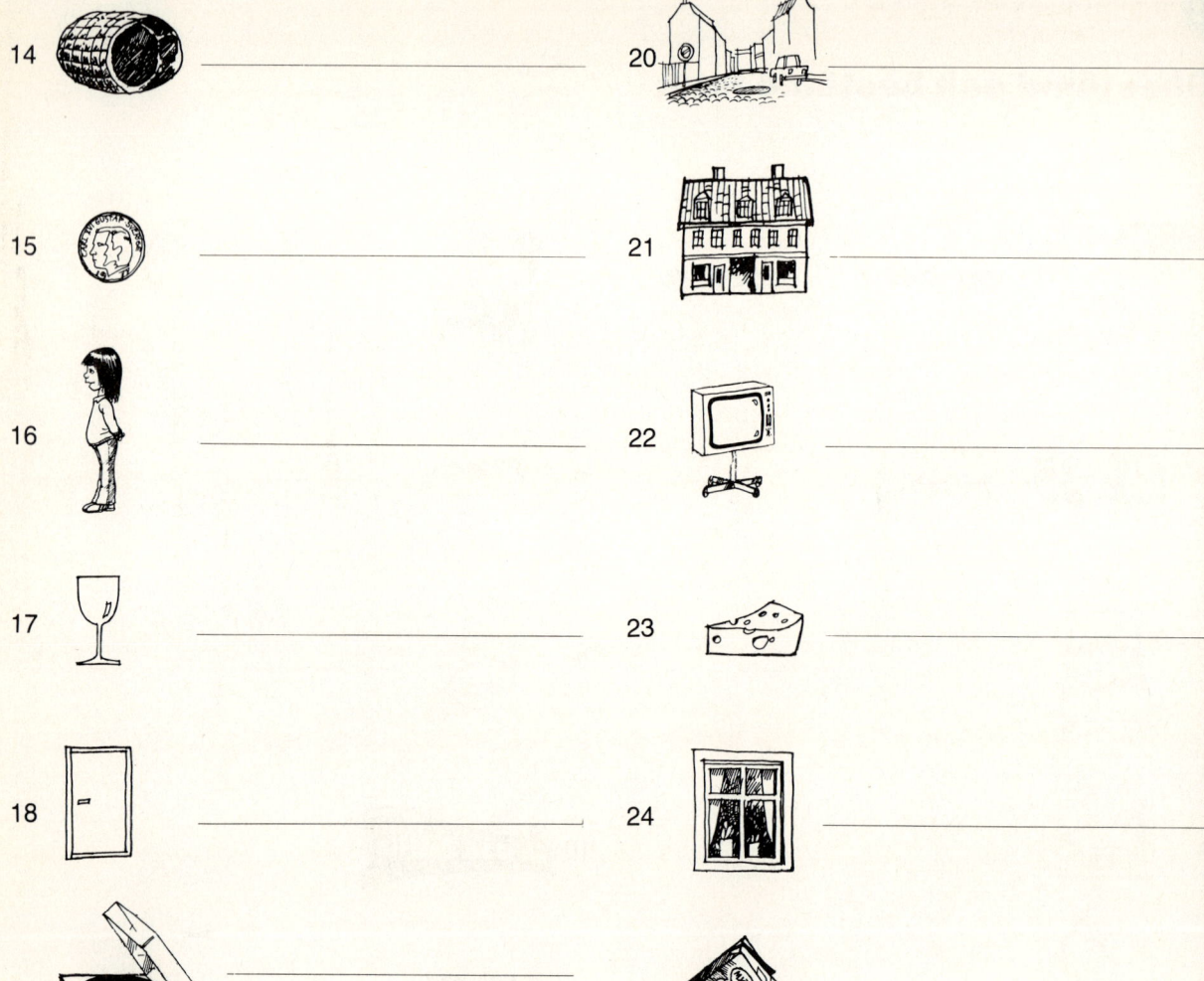

52

Skriv och berätta!

Sonja Bergström

en lägenhet	diskar
ett kök	badar
en hall	lagar mat
ett badrum	tittar på TV
ett sovrum	äter
ett vardagsrum	sover
	studerar

Berätta om Sonja Bergströms lägenhet och vad hon gör i den.

10
Frågor och svar

Skriv frågor till svaren!

Exempel:

Vad är det här? Det är en karta över Lund.

_____? Den heter Stockholm.

_____? Det ligger i Europa.

_____? Jag är från Lund.

_____? Köpenhamn ligger i Danmark.

_____ *Mallorca*? Det är en ö i Medelhavet.

_____ *Mälaren*? Det är en sjö i Sverige.

_____? Rom ligger i Italien.

_____? Det är en lektion i geografi.

Vilken? vilket?

_____ stad bor du i?   _____ land bor du i?

_____ hus bor du i?   _____ skola går du i?

_____ saga läser Ingrid?   _____ buss åker du?

_____ tidning läser du?   _____ varuhus handlar du på?

_____ klassrum har du?   _____ gata bor du på?

_____ land kommer du ifrån?   _____ språk talar du?

Frågor och svar

Exempel: Vad heter Sveriges huvudstad? *Sveriges huvudstad heter Stockholm.*

I vilket land ligger London? *London ligger i England.*

Varifrån kommer Paolo? *Han kommer från Italien.*

1. Vad heter Finlands huvudstad?
2. Varifrån kommer Carmen?
3. I vilket land ligger Lissabon?
4. Varifrån kommer John?
5. Vad heter Turkiets huvudstad?
6. I vilket land ligger Sofia?
7. Varifrån kommer Milan?
8. Vad heter Frankrikes huvudstad?
9. I vilket land ligger Reykjavik?
10. Vad heter Irlands huvudstad?
11. Varifrån kommer Marek?
12. I vilket land ligger Bonn?
13. Vad heter Norges huvudstad?
14. Varifrån kommer Dimitrios?
15. Vad heter Rumäniens huvudstad?
16. Varifrån är Miroslav?
17. Varifrån kommer du?
18. Vad heter huvudstaden i ditt land?

11
Plural

A   Skriv orden i plural!

Exempel:

en stol   många *stolar*

1	en familj	många _____		16	en fru	många _____
2	ett barn	många _____		17	en pojke	många _____
3	en flicka	många _____		18	en lägenhet	många _____
4	ett hus	många _____		19	en gata	många _____
5	ett nummer	många _____		20	ett rum	många _____
6	ett kök	många _____		21	en hall	många _____
7	en balkong	många _____		22	en hund	många _____
8	en skola	många _____		23	en bil	många _____
9	en kiosk	många _____		24	en tidning	många _____
10	en buss	många _____		25	ett äpple	många _____
11	en lektion	många _____		26	en klocka	många _____
12	ett arbete	många _____		27	ett sjukhus	många _____
13	en vecka	många _____		28	en student	många _____
14	ett bord	många _____		29	en säng	många _____
15	en soffa	många _____		30	en fåtölj	många _____

Plural

B *Svara på frågorna!*

Exempel:

 Vad är det?   *Det är två soffor.*

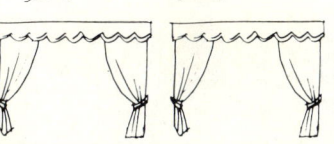 1 Vad är det? _____

 2 Vad är det? _____

 3 Vad är det? _____

 4 Vad är det? _____

 5 Vad är det? _____

 6 Vad är det? _____

7 Vad är det? _____

 8 Vad är det? _____

 9 Vad är det? _____

10 Vad är det? _____

Skriv och berätta!

Vad ser du i Kristinas och Monikas vardagsrum?

12

Possessiva pronomen

Gör meningarna färdiga!

Exempel:

Jag har en radio. *Min* radio står på bordet.

1 Olle har en syster. _____ syster heter Karin.

2 Mamma har en tidning. Det är _____ tidning.

3 Vi har en hund. _____ hund heter Karo.

4 Eva har en man. _____ man heter Åke.

5 Kalle har en katt. _____ katt heter Misse.

6 Du och jag har ett rum. Det är _____ rum.

7 Jag och min fru har ett barn. Det är _____ barn.

8 Göran har en bil. _____ bil är stor.

9 De har en TV. _____ TV står i vardagsrummet.

10 Min syster heter Berit. _____ namn är Berit.

11 Vi bor i ett hus. _____ nummer är tolv.

12 Svea har en cykel. _____ cykel står på gatan.

13 Kristina och Monika har en våning. _____ våning är stor.

14 Ni har ett efternamn. Vad är _____ efternamn?

15 Vi har ett hus. _____ hus är bekvämt.

13
Possessiva pronomen

Skriv frågor och svar!

Exempel:

	jag/cykel	Vems cykel är det?	*Det är min cykel.*
1	han/katt	Vems katt är det?	
2	ni/rum	?	
3	de/bil	?	
4	du/hund	?	
5	hon/bok	?	
6	vi/hus	?	
7	jag/skåp	?	
8	han/radio	?	
9	ni/bil	?	
10	han/fru	?	
11	hon/man	?	
12	vi/barn	?	
13	jag/kök	?	
14	de/katt	?	

Adjektiv

Vad finns det på framsidan av vykortet?

A Exempel: 2/röd/hus, 5/grön/träd, blå/bil

Det finns två röda hus, 5 gröna träd och en blå bil.

1 gammal/hotell, bred/gata, grön/träd

2 många/ny/hus, 3/gammal/bil, röd/cykel

3 blå/hav, många/liten/flicka, gammal/kvinna

4 3/bred/gata, många/stor/träd, ny/hotell

5 liten/barn, 6/grön/äpple, stor/ö

Vad har Berit i sovrummet?

B Exempel: bred/säng, 2/kort/matta, stor/skrivbord

Hon har en bred säng, två korta mattor och ett stort skrivbord.

1 gammal/fåtölj, bred/fönster, 2/bra/lampa

2 2/trevlig/tavla, liten/klocka, 2/blå/gardin

Tidsuttryck

Skriv med bokstäver!

A *Vilket år?*

   Exempel:

   1980   1789   1815

   Nittonhundraåttio

   1914   1944   1935

B *Vilket datum?*

   Exempel:

   1/6   2/4   3/5

   Den första i sjätte.

   7/10   9/8   13/11

   27/12   30/6   18/7

C *Vilken dag?*

   Exempel:

   12/9 1981

   Den tolfte september nittonhundraåttioett.

   6/5 1947

3/9 1945

4/8 1956

onsdag/13/augusti/1978

måndag/8/december/1980

Ett vykort

A Skriv ett vykort till Göran och Ulla Nilsson.

en trevlig resa --- Stockholm --- litet, gammalt hotell --- stort, fint rum --- dåligt väder ---
regnar --- god mat --- bra. --- hjärtliga hälsningar ---

63

14
Adjektiv

Skriv meningarna färdigt!

Exempel:

Monika/sjuk — *Monika är sjuk.*

1. barn/liten
2. Anna/ung
3. Åke och Eva/frisk
4. barn/sjuk
5. Ulla/pigg
6. Lena och Sven/trött
7. Torsten och Greta/gammal
8. barn/lätt
9. Erik/tung
10. tavla/vacker
11. äpple/hård
12. jag/nyfiken
13. Nilssons/glad
14. Berit och Kalle/förkyld
15. De/vuxen

Adjektiv och substantiv

Vad är det?

Exempel:

gammal   *Det är två gamla stolar.*

1 glad

2 vit

3 bra

4 trevlig

5 bekväm

6 dyr

7 liten

8 grå

9 billig

10 vacker

11 bred

12 röd

13 svart

14 brun

15 stor

16 fin

17 blå

18 dyr

19 gul

20 röd

21 intressant

Skriv och berätta!

Vad ser du i Ingrids rum?

_____
_____
_____
_____
_____
_____
_____
_____

Vad gör Ingrid?

_____
_____

Varför arbetar hon inte?

_____

15

Positioner

Exempel: Var står blomman?   Den står i vasen.

1 Var ligger katten?

2 Var står Olle?

3 Var står Anna?

4 Var hänger lampan?

5 Var står stolen?

6 Var står vasen?

7 Vad gör katten?

8 Var står bordet?

Ordföljd

Skriv nya meningar! Börja med de kursiverade orden!

Exempel:

En matta ligger *på golvet*. *På golvet ligger en matta.*

1 En lampa står *på pianot*.

2 Hunden heter *Karo*.

3 Karin ligger *på golvet* och leker.

4 En karta hänger *till höger om dörren*.

5 Ett barskåp står *i hörnet*.

6 En tavla hänger *över soffan*.

7 I hörnet står *en golvlampa*.

8 En matta ligger *under bordet*.

9 I vasen står *en röd ros*.

10 Ett askfat står *på soffbordet*.

Positioner

Skriv meningarna färdigt!

Bo sitter _____  vid _____ 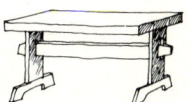 och äter.

Monika _____  och _____ .

Birgitta _____ 🪑 och _____ 🎹 .

Erik _____ 🛋 och _____ 📺 .

Kalle spelar _____ 🎛 Han har också _____ 📻 .

I rummet finns _____ 🗄 _____ 🖼 .

hänger _____ 🗄 .

_____ 🪟 hänger _____ 🪟 .

På _____ 🪵 står _____ 🏺 .

och _____ 💡 . Där ligger också _____ 🪑 .

_____ 🛏 ligger _____ 🧺 .

Eva har _____ 📚 och _____ 📻 .

70

Läsförståelse

1 Vilket rum ser du på bilden?

2 Vad gör familjen Svensson?

3 Var sitter Erik?

4 Var står Anna?

5 Var står bokhyllan?

6 Var står soffan?

7 Vad hänger på väggen till höger om dörren?

8 Vad ligger på golvet?

9 Vem ligger på golvet?

10 Var står TV:n?

16
Substantivens deklinationer

Exempel:

		en soffa	soffan	soffor	sofforna
1					
2					
3					
4					
5					
6					
7					
8					

9

10

11

12

13

14

15

Substantiv och pronomen

Skriv substantiv och pronomen!

Exempel: 2/pojke   Vad heter *pojkarna* ?   *De* heter Bo och Ulf.

1   5/blomma   Var är _____ ?   _____ står i vasen.

2   1/flicka   Vad heter _____ ?   _____ heter Anna.

3   7/bil   Var står _____ ?   _____ står på gatan.

73

4	1/hus	Var finns ____?	____ finns i Lund.
5	10/äpple	Vad kostar ____?	____ kostar 6 kronor.
6	2/bok	Var står ____?	____ står på hyllan.
7	4/rum	Var finns ____?	____ finns i huset.
8	1/piano	Var står ____?	____ står i vardagsrummet.
9	1/tidning	Vad kostar ____?	____ kostar 3 kronor.
10	2/barn	Var är ____?	____ är i skolan.
11	1/man	Vad heter ____?	____ heter Göran.
12	6/buss	Var står ____?	____ står på busshållplatsen.
13	1/stad	Var ligger ____?	____ ligger i Sverige.
14	2/cykel	Vems är ____?	____ är Olles och Kalles.
15	4/lärare	Var arbetar ____?	____ arbetar i skolan.

Hur mycket kostar...?

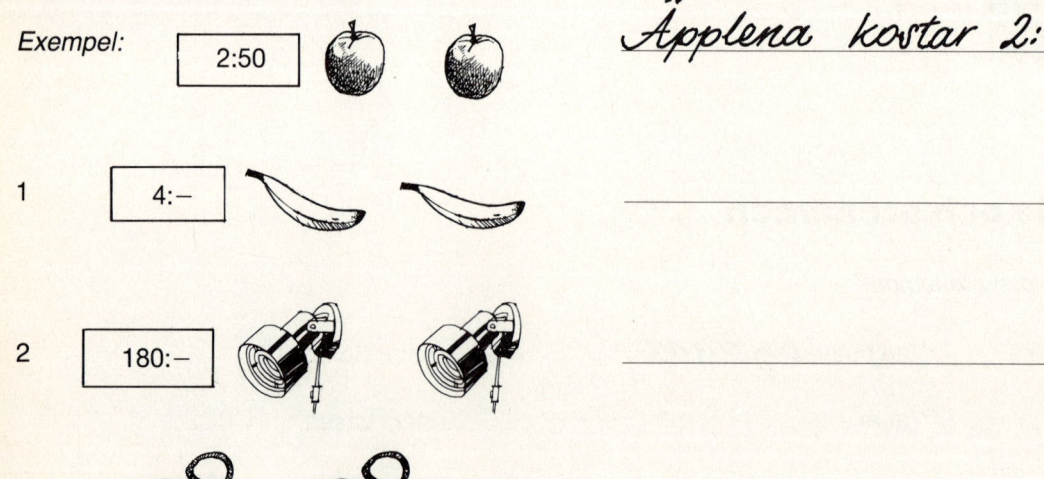

Exempel: 2:50 — *Äpplena kostar 2:50.*

1 4:—

2 180:—

3 3.000:—

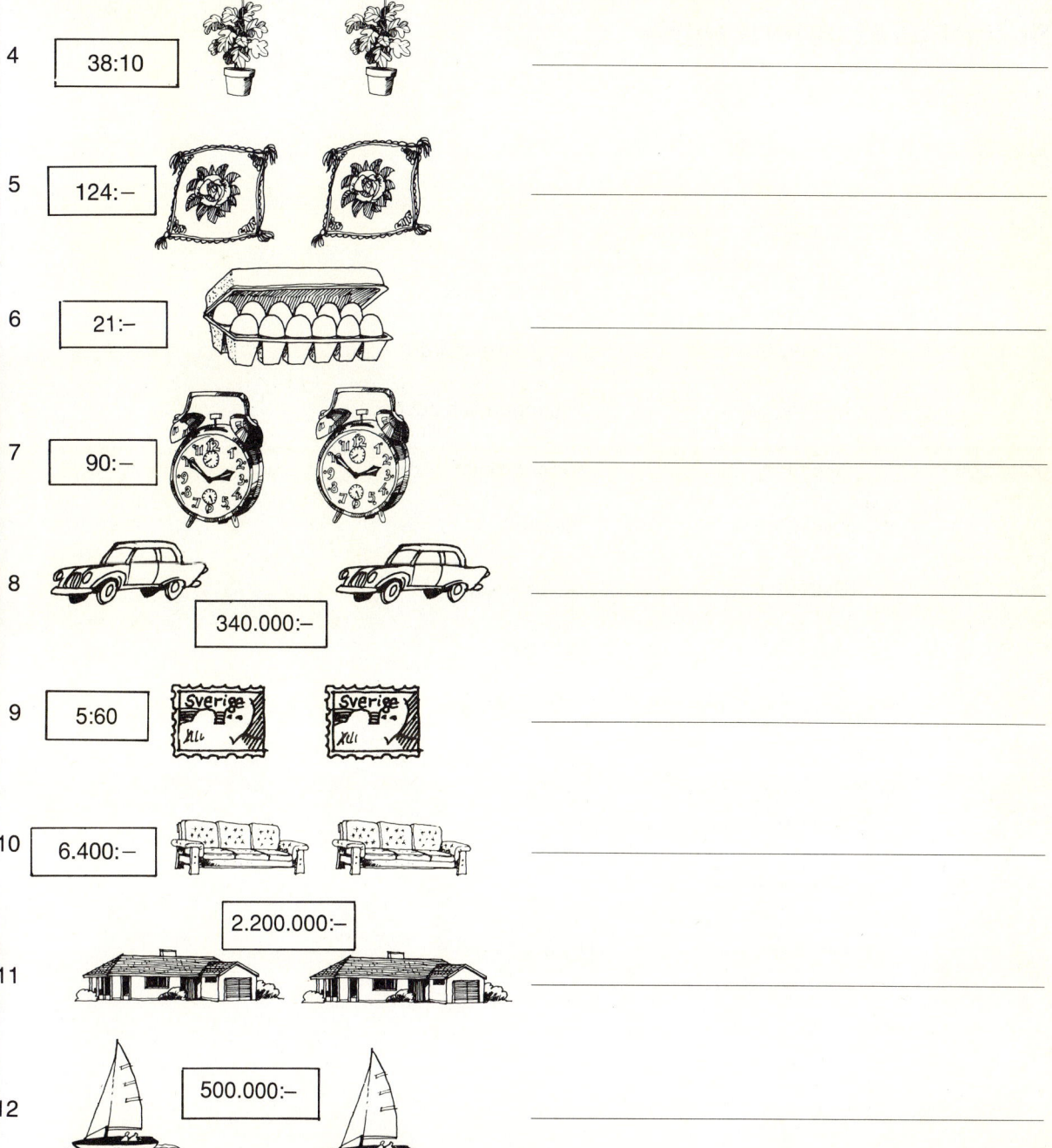

Befintlighet och riktning

Skriv rätt ord!

Exempel:

här/hit	Eva kommer *hit*.	
hemma/hem	Eva är inte _____, hon är på bio.	
	Ulla promenerar _____ från affären.	
	Mats ligger _____ i sängen och sover.	
borta/bort	Åke reser _____ till Stockholm.	
	Olle cyklar _____ till skolan.	
	Barnen är _____ på lekplatsen.	
här/hit	Jag sitter _____ och läser.	
	Birgitta kommer _____ i morgon.	
	_____ ligger mattan.	
där/dit	Erik arbetar i Malmö. Han kör _____ varje dag.	
	Men nu är han inte _____.	
	Han står _____ borta och väntar.	

17

Vad gör de?

1. _____

2. _____

3. _____

4. _____

5. _____

6. _____

7  _____

8  _____

9  _____

10  _____

11  _____

12 _____

Varför...? ...för...

Exempel:

Varför sjunger Karin? (Hon är glad.)

Karin sjunger för hon är glad.

1 Varför ligger Eva i sängen? (Hon är sjuk.)

2 Varför går Karin inte i skolan? (Hon är bara två år.)

3 Varför har inte Ingrid någon bil? (Hon har inget körkort.)

4 Varför stiger Göran upp tidigt? (Han börjar arbeta klockan sju.)

5 Varför kommer Bo för sent? (Han hinner inte med bussen.)

En bildberättelse

Skriv en berättelse med hjälp av bilderna!

18
Frågor och svar

Exempel:

Har du en bil? *Ja, det har jag.*

1. Bor du i Lund?
2. Läser Bo inte engelska?
3. Är det vackert väder idag?
4. Talar Kalle svenska?
5. Har Svenssons en lägenhet?
6. Arbetar Eva på posten?
7. Är Bo gift?
8. Är maten inte dyr?
9. Har Bo bil?
10. Stiger Eva upp tidigt?
11. Sover Berit?
12. Kör Göran bil till arbetet?
13. Har Kalle inte en katt?
14. Kan Monika tala lite italienska?
15. Arbetar Eva inte i Lund?

Ett samtal i affären

Ulla Nilsson är i affären och handlar. Där träffar hon Birgitta Svensson.
De stannar och pratar en stund.

Ulla: _____ Birgitta. Hur _____ ni det? (hej, har)

Birgitta: _____ bra. Och _____ då? (bara, ni)

Ulla: _____ fint. (bara)

Birgitta: _____ du inte idag? (arbeta)

Ulla: Nej. _____ _____ ledig _____. (jag, vara, idag)

Birgitta: _____ _____? (cykla, du)

Ulla: Nej, _____ _____. Det _____ så _____ _____. (jag, gå, vara, vacker, väder)

Birgitta: Ja, _____ _____ verkligen _____ idag. (väder, vara, fin)

Ulla: Nej, _____ _____ _____. Hej, då. (klocka, vara mycket)

Birgitta: _____ _____ _____ _____. Vi ses.

(ja, det, vara, den)

83

Geografi

Titta i läroboken på
sidan 218–219!

Vad heter länderna?
Vem bor där?
Vilket språk talar de?

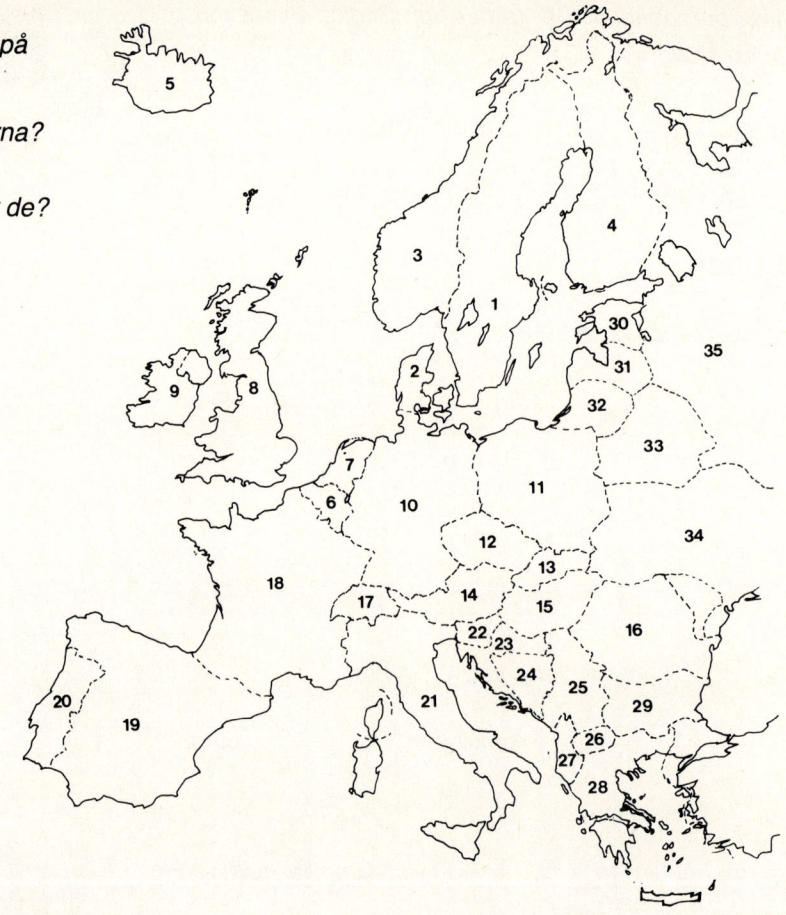

1	*Sverige*	*svenskar*	*svenska*
2			
3			
4			
5			
6			
7			

19
Vad ska de göra?

Exempel:

Åke/arbeta/i morgon   *Åke ska arbeta i morgon.*

1 Berit/gå till skolan/klockan åtta

2 Birgitta/handla/mat/i eftermiddag

3 Erik/se fotbollsmatch/i kväll

4 Sven/flyga/till Rom/på torsdag

5 Ulla/arbeta/klockan nio

6 Monika/gå på diskotek/i kväll

7 Sven/börja arbeta/klockan sex

8 Bo/skriva ett test/nästa vecka

9 Ingrid/hämta Mats/klockan sex

10 Bo/studera historia/nästa år

11 Eva/resa till Stockholm/nästa månad

12 Kalle/stiga upp/klockan sju

13 Berit/gå på bio/på lördag kväll

14 Jag/_____/_____

vilken?   — vad... för (en)?
vilket?   — vad... för (ett)?
vilka?   — vad... för (några)?
Vad är det (för något)?

Exempel:

Vad är det för en bil?   Det är en SAAB.

1 _____ Det är läroböcker.

2 _____ Det är en katt.

3 _____ Det är en svensk bil.

4 _____ Det är ett nytt varuhus.

5 _____ Det är en soffa och en fåtölj.

6 _____ Det är en modern japansk radio.

7 _____ Det är en gammal fransk bil.

8 _____ Det är ett sovrum.

9 _____ Det är familjen Nilssons barn.

10 _____ Det är nya, fina möbler.

20
Tillåtet och förbjudet

Exempel:

 Vad får du inte göra?   *Jag får inte vända på gatan.*

1  Vad måste du göra?

2  Vad kan du göra här?

3  Vad får du inte göra?

4  Vad måste du göra?

5  Vad kan du göra här?

6  Vad får du inte göra?

7  Vad får du inte göra? _____

Exempel:

 Vad __kan__ de göra här?
De kan gå här.

1  Vad _____?

2  Vad _____?

3  Vad _____?

4  Vad _____?

5 Vad _____?

6 Vad _____?

Yrken

Vilket yrke har de? Vad gör de? Var arbetar de? Titta på sidan 217 i läroboken!

Exempel:

Hon är kassörska och sköter kassan på ett varuhus.

1

2

3

4

5 _____

6 _____

7 _____

8 _____

9 _____

10 _____

Frågor och svar

Exempel:

Kan Kalle tala svenska? — *Ja, det kan han.*

1. Vill Eva gå på bio? — Ja,
2. Får Karin köra bil? — Nej,
3. Kan Jasna tala svenska? — Ja,
4. Måste du gå hem nu? — Nej,
5. Behöver du hjälp? — Nej,
6. Ska du gå på bio i kväll? — Ja,
7. Vill Ulla vara hemmafru? — Nej,
8. Ska Bo läsa ikväll? — Nej,
9. Får vi röka här? — Nej,
10. Kan du tala japanska? — Nej,
11. Måste du verkligen röka nu? — Ja,
12. Behöver Erik arbeta? — Ja,

21
Hur är vädret idag?

norra Sverige

nordvästra Sverige   nordöstra Sverige

västra Sverige   centrala Sverige   östra Sverige

sydvästra Sverige   sydöstra Sverige

södra Sverige

nordlig vind

västlig vind   ostlig vind

sydlig vind

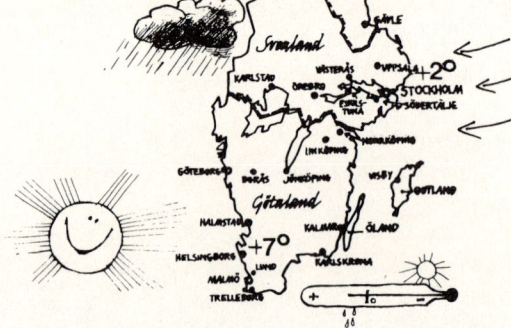

Exempel: Hur många grader är det i norra Sverige? *Det är minus fem grader.*

1 Var blåser det?

2 Hur är vädret i södra Sverige?

3 Var regnar det?

4 Vilken vind är det i norra Sverige?

5 Hur är vädret idag?

Väder

Exempel: *ett moln*

Vad gör  ?   Vad gör  ?   Hur är vädret? 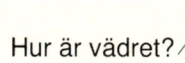   Hur är vädret?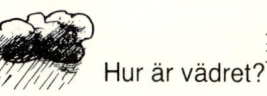

Det är vackert väder.   Det är dåligt väder.

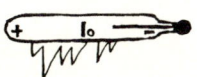 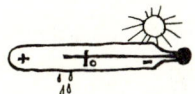

igår   idag

Det var kallt igår.

i tisdags   nu

i förrgår   i söndags

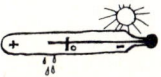 

idag   i fredags

Imperfekt

Skriv vad de gjorde!

Exempel:

Åke/arbeta/igår   *Åke arbetade igår.*

1. Berit/gå/skolan/klockan åtta i morse
2. Birgitta/handla mat/i förrgår
3. Göran/arbeta/i förrgår
4. Berit/vara på bio/i torsdags
5. Svenssons/resa till Stockholm/i fjol
6. Väder/vara vacker/i förra veckan
7. Ingrid/tvätta/igår eftermiddag
8. Svea/titta på TV/igår kväll
9. Kjell/ringa till Berit/i förrgår kväll
10. Göran/köpa en tidning/i förrgår kväll
11. Ingrid/äta frukost/i morse
12. Anna/komma hem/för…sedan/en timme
13. Mats/vara sjuk/för…sedan/en halvtimme
14. Jag/börja/studera svenska/för…sedan/???

22
Presens och imperfekt

A Skriv texten i boken i presens!

Idag är det tisdag. Fru Falk

B Skriv text 16 i läroboken i imperfekt!

Kristina Sandberg gick på en kvällskurs i italienska. Eleverna

C Vad gjorde du i torsdags? Berätta!

Verbformer

Fyll i rätt form av verbet!

gå   Åke och Eva ska ___gå___ på bio i kväll.

          De _____ inte på bio förra veckan.

betala   Fru Falk _____ maten, när hon kom till kassan.

          Kan du _____ för alla?

köpa   Olle _____ en tidning igår.

          Måste du _____ så mycket mat?

se   Sofia _____ inte så bra utan glasögon.

          _____ du TV-programmet igår kväll?

arbeta   Torsten _____ inte nu.

          Nils _____ på Posten förra året.

ha   Ingrid _____ ingen villa.

          Eva _____ influensa i förra veckan.

ställa   Kristina _____ ut blommorna på balkongen igår.

          Du kan _____ väskan där.

bo   Var _____ du?

          Vill du _____ i ett höghus?

23
Adjektiv och substantiv

A Svara på frågorna!

Vad får Kalle av mamma och pappa?

Han får __ett__ __vitt__ __kuvert__
                                 vit   kuvert

Vad får Kalle av morfar och mormor?

Han får _____ _____ _____
                            stor   brun   paket

Vad får Kalle av Berit?

Han får _____ _____ _____
                            lång   grön   paket

Vad finns det i _____ _____ _____?
                                det   vit   kuvert

Det finns _____ _____ i det.
                    1500   krona

Vad finns det i _____ _____ _____ _____?
                             det   stor   brun   paket

Det finns en hjälm.

Vad finns det i _____ _____ _____ _____?
                             det   lång   grön   paket

Det finns _____ _____ _____ _____
                    par   varm   handske

B Skriv rätt form av adjektivet och substantivet!

I rummet finns det _____ _____ _____,
                                     en/ett   brun   golv

_____ en/ett _____ randig _____ matta, _____ en/ett _____ vit

_____ bord, _____ en/ett _____ blå _____ duk, _____ en/ett

_____ gul _____ vas och _____ en/ett _____ vacker _____ blomma

Var ligger _____ den/det _____ randig _____ matta?

_____ den/det _____ randig _____ matta ligger på _____ den/det

_____ brun _____ golv

Var ligger _____ den/det _____ blå _____ duk?

_____ den/det _____ blå _____ duk ligger på _____ den/det _____ vit

_____ bord

_____ den _____ gul _____ vas står på _____ den _____ blå

_____ duk.

Två _____ svart _____ katt sitter på _____ två _____ grön

_____ stol, som står på _____ två _____ gul _____ matta.

Var står _____ de _____ grön _____ stol?

_____ de _____ grön _____ stol står på _____ de _____ gul

_____ matta.

24

Personliga pronomen

A   Skriv objektformer!

Exempel:

Åke träffar Eva. *Han träffar henne.*

1   Olle ser Karin.

2   Mamma leker med barnet.

3   Erik kör bilen.

4   Göran tar en bild av Berit.

5   Kalle och Berit sitter i soffan.

6   Erik fotograferar med kameran.

7   Du och Monika bor i huset.

8   Olle leker med hunden.

9   Mamma lagar mat till pappa.

10 Kalle leker med katten.

B   Skriv meningarna färdigt.

Exempel:

Bilen står på gatan.   *Den står* på gatan.

1   Åke och Eva sitter i köket.   _____ i köket.

2   Två träd står bakom huset.   Två träd står _____

3   Bordet står framför soffan.   _____ framför soffan.

4 Över sängen hänger en tavla.   _____ en tavla.

5 Eva står på mattan.   _____

6 Erik tar en bild av familjen.   _____

7 Ulla får pengar av Göran.   _____ pengar _____

8 Du och jag bor i Lund.   _____ i Lund.

9 Han och du bor på Storgatan.   _____ på Storgatan.

10 Åke och du talar med Göran och Ulla.   _____

Prepositioner

Exempel:

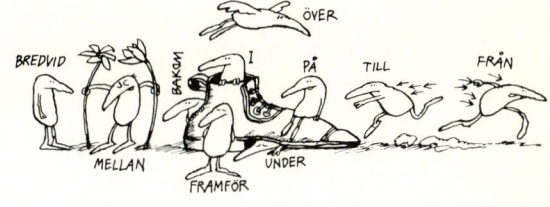

Eva bor __i__ Lund.

1 Nilssons har en lägenhet _____ tre rum och kök.

2 Erik arbetar _____ en bilverkstad _____ Malmö.

3 Det är bekvämt _____ en barnfamilj att bo _____ bottenvåningen.

4 Berit promenerar _____ skolan på morgonen.

5 Ulla är expedit _____ ett varuhus.

6 Klockan är halv åtta _____ morgonen.

7 Birgitta lägger varor _____ varukorgen.

8 Hon får tillbaka 41:40 _____ expediten.

9 Mamma dukar av _____ middagen.

10 Mats är _____ ett daghem.

11 Bo studerar _____ förmiddagen.

▶

12 Han har en fin utsikt _____ staden _____ fönstret i vardagsrummet.

13 Han sitter och studerar _____ skrivbordet.

14 Jasna tittar på en karta _____ Europa.

15 London ligger _____ England.

16 Jasna är duktig _____ geografi.

17 Två kuddar ligger _____ Monikas säng.

18 Ulla är gift _____ Göran.

20 Monika arbetar _____ klockan åtta _____ klockan fem.

21 Anna dansar balett två kvällar _____ veckan.

22 Karin lyssnar _____ musik.

23 Hellströms bor _____ tredje våningen _____ huset _____ Storgatan 12.

24 Åke ska gå _____ tandläkaren på torsdag.

25 Skrivbordet står till höger _____ bokhyllan.

25

Ordföljd

Placera in "inte" i meningarna.

1 Åke tvättar sig idag.

2 Bo lär sig tyska.

3 Anna klär på sig själv.

4 Ska du skynda dig?

5 Tar han av sig pyjamasen innan han duschar?

6 Kammade du dig i morse?

7 I morse skyndade han sig.

8 Varför sätter du dig?

9 Kalle vill lära sig engelska.

10 Karin vill skynda sig.

11 Vi lär oss mycket.

Reflexiva pronomen

A   *Fyll i rätt pronomen!*

Jag tvättar mig.

(du) *Du tvättar dig.*   (vi) _____

(de) _____   (han) _____

De klär på sig.

(jag) _____   (hon) _____

(ni) _____   (du) _____

Jag lär mig svenska.

(vi) _____   (han) _____

(du) _____   (de) _____

B *Fyll i rätt pronomen!*

Bo lär Bo engelska.   *Han lär sig engelska.*

Birgitta tvättar Karin.   _____

Greta ser Anna på gatan.   _____

Olle tar av Olle skorna.   _____

Ulla lär Ulla tyska.   _____

Siv och Bo lär Karin och Olle laga mat.   _____

En bildberättelse

Skriv en berättelse med hjälp av bilderna!

26

Imperativ

Exempel:　　　　　　　　　　　　　　　　　　　　Vad säger de?

　　Birgitta vill att barnen ska duka.　　　　　　*Duka!*

1　Kristina vill att Monika ska gå och handla.

2　Ingrid tycker att Mats ska klä sig.

3　Erik tycker att Birgitta ska baka bröd.

4　Åke vill inte att Eva ska bli sjuk.

5　Erik tycker att Milan ska flytta in.

6　Kalle vill inte att Måns ska sitta på bordet.

7　Åke tycker att Eva ska koppla av.

8　Birgitta vill inte att barnen leker på gatan.

9　Eva vill att barnen ska lära sig läxan.

10　Milan tycker att Maria ska diska.

11　Torsten vill att Greta ska köpa två liter mjölk.

12　Mamma tycker att barnen ska tvätta sig.

27
Imperativ

A Exempel: Vad säger de?

    Ulla vill att Kalle ska bädda sängen.   *Bädda sängen!*

1 Eva vill inte att Åke ska resa till Stockholm.

2 Greta vill att Torsten ska ringa efter en taxi.

3 Ingrid tycker att Mats ska tvätta sig nu.

4 Lena vill inte att Sven ska ligga och sova.

5 Sven vill att Lena ska lägga tidningen på bordet.

6 Birgitta tycker inte att Erik ska parkera på gatan.

7 Berit vill att Kjell ska ringa ikväll.

8 Läraren vill att Kristina ska berätta om Italien.

9 Eva vill inte att barnen pratar så mycket.

10 Ulla tycker att barnen ska borsta tänderna.

B Exempel:

    Mats vill att Ingrid ska berätta en saga för honom.

    Han säger: _*Berätta en saga för mig!*_

1 Bo tycker att Monika ska dansa med honom.

    Han säger: _____

2 Anna vill att mamma ska låna henne tidningen.

    Hon säger: _____

3 Berit tycker att Kjell ska hämta henne efter skolan.

   Hon säger: _____

4 Sven tycker att Lena ska ge honom en kopp te.

   Han säger: _____

5 Anna vill att Birgitta ska sy kläder till henne.

   Hon säger: _____

6 Bo vill att Monika ska hälsa på honom på lördag.

   Han säger: _____

7 Olle och Anna vill att Erik ska fotografera dem.

   De säger: _____

8 Eva vill att Åke ska hjälpa henne.

   Hon säger: _____

9 Kjell vill att Berit ska ringa till honom i morgon.

   Han säger: _____

10 Kalle vill inte att Måns ska äta hans smörgås.

   Han säger: _____

Riktning och befintlighet

Exempel:

bort/borta   Åke reser ___*bort*___

1 hem/hemma   Berit Nilsson bor _____

2 in/inne   Milan ska flytta _____ i huset.

3 upp/uppe   Ingrid bor _____ på fjärde våningen.

4 bort/borta   Åke är _____ i Stockholm.

5 dit/där   Bilen står _____

6 ut/ute   Bo ska gå _____ och promenera.

7 in/inne   Lena går _____ i lägenheten.

8 dit/där   Eva ska ge sig iväg _____

9 ner/nere   Sven och Lena bor _____ på första våningen.

10 hit/här   Eva hämtar _____ böckerna.

11 in/inne   Kläderna hänger _____ i garderoben.

12 ut/ute   Anna är _____ och leker.

13 upp/uppe   Svea går _____ för trappan.

14 dit/där   Kalle cyklar _____

15 in/inne   Erik sitter _____ i vardagsrummet.

16 hem/hemma   Birgitta arbetar _____ i köket.

17 hit/här   Berit sitter _____ och läser.

18 dit/där   Kalle cyklar _____

19 hem/hemma   Bo bjuder _____ Monica.

20 hit/här   Måns vill inte komma _____

Skiljetecken

Skriv rätt skiljetecken och stor bokstav!

Exempel:

eva frågar åke vill du hjälpa mig

Eva frågar Åke: "Vill du hjälpa mig?"

en försäljare ringer på erik svenssons dörr hans fru ulla går och öppnar försäljaren säger goddag goddag är damen kanske intresserad av vår nya symaskin den är mycket fin och väldigt billig nej tack svarar ulla jag har redan en jaså adjö då säger försäljaren och går vidare

28
Ordföljd

Börja med det kursiverade ordet!

I huset på Storgatan 12 finns *det* tre djur.

Det finns tre djur i huset på Storgatan 12.

1 Svea Lindberg, som är änka, bor *på fjärde våningen*.

2 Måns ligger *för det mesta* i soffan i vardagsrummet och sover.

3 Eleven förstod *till slut* vad läraren sade.

4 Det är *så vackert väder* idag.

5 Svea frågar: *"Vill du ha mat?"*

Det finns/Finns det…?

Skriv meningarna färdigt!

Exempel:

bil/gatan

Det finns en bil på gatan.

kök/lägenheten?

Finns det ett kök i lägenheten?

1   film/kameran?   2   glas/skåpet?

3   matbord/köket   4   säng/sovrummet

5   hund/huset   6   frimärke/kortet?

Så att

Gör de två satserna till en enligt exemplet!

Exempel: Svea städar våningen. Den blir ren.   Svea städar våningen, så att den blir ren.

1   Berit vill ta körkort. Hon får köra bil.

2   Svea öppnar fönstret. Hon ska få lite frisk luft.

3   Ulla städar lägenheten. Den ska bli fin.

4   Anna åker buss. Hon ska komma i tid.

5   Elin och Karl skriver ett vykort till Eva. Hon ska veta var de bor.

6   Läraren talar sakta. Alla förstår.

29
Imperfekt och perfekt

Gör en mening av orden till vänster!
Använd imperfekt eller perfekt.

Exempel:

jag/läsa/tidningen/idag

Ulla/skriva/brev/igår

Jag har läst tidningen idag.
Ulla skrev ett brev igår.

1 Bo/vara på bio/i går kväll

2 Eva och Åke/vara gifta/ett år

3 De/gifta sig/för ett år sedan

4 Bo/studera engelska/i ett år

5 Kristina/vara sjuk/i måndags

6 Olle/bada/en gång/i juli

7 Svenssons/ha hund/i två år

8 Carmen/studera svenska/i en månad

9 Torsten/köpa ny cykel/i förra veckan

10 jag/läsa/en bra bok

11 Svea/titta på TV/i går kväll

12 Greta/vara i Paris/aldrig

Skriv och berätta!

Familjen Svensson sitter vid middagsbordet och talar om vad de har gjort idag. Skriv en liten uppsats om

Familjen Svenssons dag.

30
Både…och/varken…eller

Gör de två satserna till en enligt exemplet!

Exempel: Berit dricker inte kaffe. Kalle dricker inte heller kaffe.

Varken Berit eller Kalle dricker kaffe.

1 Berit går i skolan. Anna går också i skolan.

2 Erik går inte i skolan. Göran går inte heller i skolan.

3 Anna spelar inte trumpet. Anna spelar inte piano.

4 Anna läser historia och geografi i skolan.

5 Ulla talar inte engelska och inte tyska.

6 Torsten promenerar. Greta promenerar också.

7 Ulla lagar mat på förmiddagen och på eftermiddagen.

8 Karin har inte bil. Hon har inte cykel.

9 Eva bor på Storgatan 12. Greta bor också där.

Perfekt

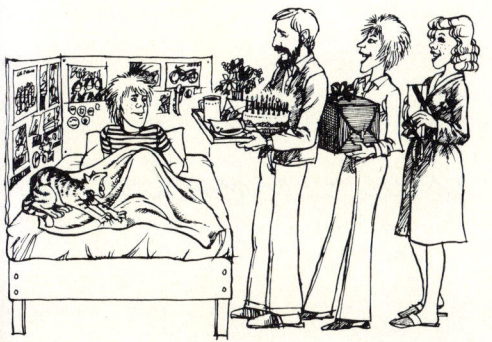

1. Vad har Göran, Ulla och Berit gjort, innan de går in till Kalle för att gratulera honom?

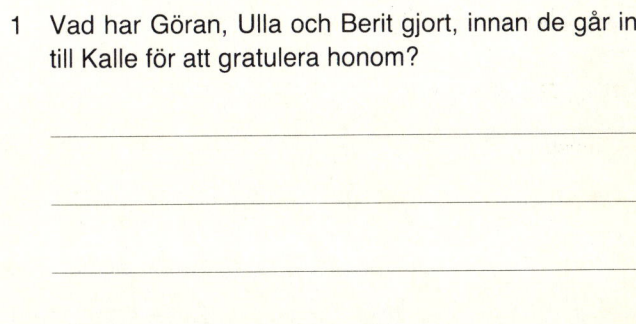

2. Vad har Erik gjort, innan han tar bilder på familjen?

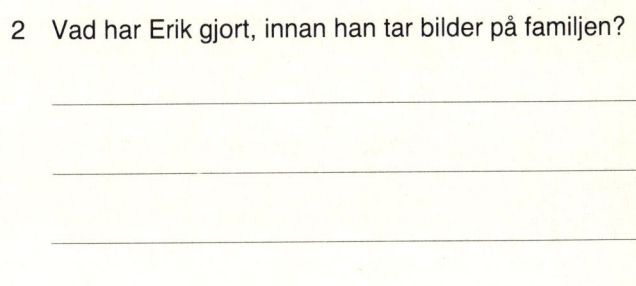

3. Vad har hänt i trappuppgången?

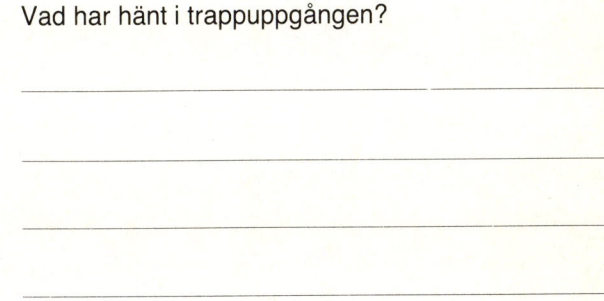

4. Vad har Olle varit med om i sommar?

31
Satsadverb

Sätt in satsadverben!

Exempel:

alltid   Eva stiger upp klockan sju. *Eva stiger alltid upp klockan sju.*

Åke säger: Eva stiger upp klockan sju.

Åke säger att Eva alltid stiger upp klockan sju.

1 nästan alltid   Eva lagar frukost.

Åke säger: Eva lagar frukost.

2 ofta   Bo kommer för sent till universitetet.

Ulla frågar: Kommer Bo för sent till universitetet?

3 för det mesta   Bo äter i köket.

Bo säger: Jag äter i köket.

4 nästan aldrig   Birgitta handlar på förmiddagen.

Birgitta säger: Jag handlar på förmiddagen.

5 aldrig   Kalle promenerar till skolan. _____

               Berit säger: Kalle promenerar till skolan.

               _____

6 sällan   Bussen kommer för sent. _____

               Bo säger: Bussen kommer för sent.

               _____

7 vanligen   Göran köper en tidning på eftermiddagen.

               _____

               Ulla säger: Göran köper en tidning på eftermiddagen.

               _____

8 inte   Olof Svensson bor i Lund. _____

               Birgitta säger: Olof Svensson bor i Lund.

               _____

Prepositioner

Exempel: Åke arbetar alltid _till_ klockan fem.   8 Går du ofta _____ bio?

1 Ingrid kommer _____ Kalmar.   9 Ulla åker buss _____ arbetet.

2 Eva och Åke bor _____ Lund.   10 Åke arbetar _____ en fabrik.

3 Svea Lindberg bor _____ fjärde våningen.   11 Bo studerar _____ Lunds universitet.

4 Bo är medlem _____ en politisk förening.   12 Vad sysslar Göran _____?

5 Vad har Olle gjort _____ sommar?   13 Hur står det _____?

6 Olle badade en gång _____ juni.   14 Ta _____ dig jackan, när du går ut.

7 Erik tar ett foto _____ familjen.   15 Bo kommer ofta _____ sent.

32
Imperativ

Hur säger man det här på ett artigt och trevligt sätt? (se avsnitt 26)

Stäng dörren!

Var snäll och stäng dörren!

1 Öppna fönstret!

2 Håll tyst!

3 Hjälp mig!

4 Säg mig var stationen ligger!

5 Tala långsamt!

6 Lyssna på mig!

7 Vänta på mig!

8 Skratta inte!

Relativa pronomen

Exempel:

Kalle har en katt. Den heter Måns.

Kalle har en katt, *som heter Måns.*

1. Karin har en boll. Hon leker med den.

   Karin har en boll, _____

2. Mamma har två barn. Hon tvättar dem.

   Mamma har två barn, _____

3. Erik har köpt en bil. Han kör med den till arbetet.

   Erik har köpt en bil, _____

4. Vi har en lägenhet. Den är stor och ljus.

   Vi har en lägenhet, _____

5. Berit har en pojkvän. Hon träffar honom efter skolan.

   Berit har en pojkvän, _____

6. Kalle ser en film. Den är bra.

   Kalle ser en film, _____

7. Det kommer en buss. Vi ska åka med den.

   Det kommer en buss, _____

8. Familjen har ett piano. Birgitta spelar på det.

   Familjen har ett piano, _____

9. Eva äter ett äpple. Det är gott.

   Eva äter ett äpple, _____ ▶

10 Kalle har en syster. Hon heter Berit.

   Kalle har en syster, _____

11 Bo har köpt en skiva. Den har musik av ABBA.

   Bo har köpt en skiva, _____

12 Åke har en tidning. Han läser den.

   Åke har en tidning, _____

13 Birgitta har en syster. Hon ringer ofta till henne.

   Birgitta har en syster, _____

14 Mats lyssnar på en saga. Ingrid läser den.

   Mats lyssnar på en saga, _____

15 Berit ska åka med bussen. Den kommer där.

   Berit ska åka med bussen, _____

33

Skriv och berätta!

Berätta historien om Bo och Svea!

34
Mat

Här är "matpyramiden", som visar vad du behöver äta varje dag.
Titta också på sidan 202–203 i läroboken! Maten i toppen behöver du äta minst av. Vilken mat är det?

Matpyramiden

Maten i mitten behöver du äta mera av.
Vilken mat är det?

Maten i botten behöver du äta mest av.
Vilken mat är det?

35

Innan – medan – när

Gör de två satserna till en med hjälp av innan – medan – när.

Exempel:

Hon lagar mat. Hon äter.

Hon lagar mat innan hon äter.

1 Hon diskar. Hon äter.

2 Monika dricker kaffe. Hon tittar på TV.

3 Olle kommer hem. Skolan slutar.

4 Åke sjunger. Han duschar.

5 Bo går på restaurang. Han klarar en tentamen.

6 Erik äter en smörgås. Han går och lägger sig.

7 Eva lyssnar på musik. Hon städar.

8 Milan röker. Han talar i telefon.

Ordföljd

Placera den kursiverade satsen först! Gör nödvändiga ändringar!

Exempel:

Ingrid bodde i Kalmar, *innan hon flyttade till Lund.*

Innan Ingrid flyttade till Lund, bodde hon i Kalmar.

1 Eva dricker en kopp kaffe, *innan hon går hemifrån.*

2 Åke dricker en öl, *medan han tittar på TV.*

3 Svea cyklar hem, *när hon har slutat arbeta.*

4 När Bo har läst ut boken, *lånar Monika den.*

5 När Mats har somnat, *dricker Ingrid en kopp te.*

6 Bo läste historia, *innan han började läsa engelska.*

Vad gör de?

1 Vad gör Eva och Åke?

2 Monika Holm hälsar på Bo Lundin. Vad gör de?

3 Berätta om Hellströms' lördag!

En bildberättelse

Skriv en berättelse med hjälp av bilderna!

36

Adjektivets komparation

A   Exempel:
   stol/billig – tavla/dyr

Stolen är billigare än tavlan.
Tavlan är dyrare än stolen.

1   fåtölj/mjuk – stol/hård

2   katt/mätt – hund/hungrig

3   man/stor – pojke/liten

4   skåp/hög – byrå/låg

5   vädret i Afrika/torr –
   vädret i Sverige/våt

6   jeans/lång – kortbyxor/kort

7   Ulla/rik – Emma/fattig

8   Jasna/mörk – Karin/blond

9   Albin/lugn – Ragnar/orolig

10 Sylvia/vacker – Agda/ful

11 Karl/tjock – Per/smal

12 Gustav/pigg – Edvin/trött

13 Ulf/bra – Yngve/dålig

14 Åsa/glad – Barbro ledsen

15 Åke/32 år – Eva/30 år

B Exempel:

Sängen är femtio centimeter längre än bordet.

1 5 000 kilo   1 000 kilo

2 Erik 38 år   Birgitta 35 år

3 24:–   35:–

133

37
Komparation

Exempel:

Stolen är dyr men tavlan är dyrare än stolen. Soffan är dyrast.

38
Komparation

A   Exempel:

Mount Everest/hög berg/världen

Mount Everest är världens högsta berg.
Mount Everest är det högsta berget i världen.

1   Nilen/lång flod/världen

2   Sovjet/stor land/världen

3   Kebnekaise/hög berg/Sverige

4   Vänern/stor sjö/Sverige

5   Rolls Royce/dyr bil/världen

6   Blekinge/liten län/Sverige

7   Miss Universum/vacker kvinna/världen

8   Köttbullar/god maträtt/världen

B   Exempel:

Juli brukar ha det ___*varmaste vädret*___ på hela sommaren.

1   Årets _____ månad är januari.

2   Världens _____ heter Nilen.

3   Vad heter Anders' _____? Han heter Nisse.

4   Kalle är mera _____ av mopeder än av flickor.

5   Familjens _____ flicka heter Karin och är bara två år.

6   Juli är den _____ semestermånaden.

7   Vad heter Sveriges _____? Den heter Stockholm.

    Ryssland är _____ land.

9   Vad heter Sveriges _____ berg? Det heter Kebnekaise.

10 Det här var den _____ nyheten på länge!

137

39
Reflexiva verb

A Skriv rätt form av verben!

Exempel:

    lägga sig   Berit gick och _la sig_ tidigt igår kväll.

1 skynda sig   "Nu måste ni _____!", säger Birgitta till barnen.

2 sträcka på sig   När Monika har vaknat, _____ hon _____

3 lära sig   Berit har börjat _____ köra bil.

4 känna sig   Svea _____ lite dålig igår.

5 kamma sig   Birgitta säger till Olle och Anna: "_____ nu!"

6 raka sig   Bo behöver inte _____

7 snyta sig   Erik var förkyld och _____ hela tiden.

8 akta sig   Mamma ropar till barnen: "_____ för trafiken!"

9 löna sig   Åke tycker att det inte _____ att arbeta extra.

10 tvätta sig   Ulla frågar Kalle om han har _____ idag.

11 bestämma sig   Igår _____ Kristina _____ för att studera italienska.

12 bry sig om   "Det _____ jag _____ inte om!", säger Olle.

13 gifta sig   Åke och Eva _____ i en liten kyrka förra året.

14 klä på sig   Karin _____ själv igår.

15 torka sig   Bo _____, när han har duschat.

B Skriv meningar! Börja med den kursiverade delen!

Exempel:

bruka/tvätta sig/*Anna*/i kallt vatten.

Anna brukar tvätta sig i kallt vatten.

1 Anna/*bruka*/tvätta sig/i kallt vatten?

2 *Idag*/Göran/känna sig sjuk.

3 du/*sätta* sig i soffan/inte!

4 du/*vilja*/lära sig/svenska?

5 *hon*/gå hemifrån,/när/hon/klä på sig.

6 bruka/du/lägga sig på kvällen/*när?*

Läsförståelse

1 Berätta om Hellströms' köp!

2 Berätta om sommarvädret!

3 Vad gör Svea Lindberg efter arbetet?

40
Possessiva pronomen

Skriv rätt form av **hans—hennes—deras—sin—sitt—sina**!

Exempel:

Milan och ___*hans*___ fru kommer från Jugoslavien.
      Milans

1 Göran har en säng. _____ säng står i sovrummet.
                          Görans

2 Kalle ligger och läser på _____ säng.
                                Görans

3 Sven Berg är pilot. Han älskar _____ arbete.
                                      Svens

4 Greta och _____ man Torsten är pensionärer.
              Gretas

5 Eva heter Hellström i efternamn nu. Tidigare var _____ efternamn Bengtsson.
                                                        Evas

6 Jasna Novak är åtta år. _____ ålder är åtta år.
                              Jasnas

7 Göran och Ulla har två barn. _____ barn heter Kalle och Berit.
                                   Görans och Ullas

8 Göran trivs bra på _____ arbete.
                        Görans

Civilstånd

Titta på presentationen på sidan 6—7 i textboken och svara på frågorna!

Exempel:

Vad är Bo Lundin?   *Han är ogift.*

1 Vad är Torsten Falk?   _____ ▶

2 Vad är Sven Berg och Lena Nyman?

3 Vad är Ingrid Ek?

4 Vad är Ulla Nilsson?

5 Vilka personer är ogifta?

6 Vem är frånskild?

7 Vilka är gifta?

8 Vem skulle kunna gifta om sig?

9 Vad är Svea Lindberg?

10 Var kan man gifta sig?

41

Possessiva pronomen

A *Skriv rätt form av **hans—hennes—deras—sin—sitt—sina**!*

Exempel:

Åke och __*hans*__ fru har en trerumslägenhet.

1 Åke köper blommor till _____ fru ibland.

2 Eva blir glad, när hon får blommor av _____ man.

3 Birgitta och _____ mamma skriver ofta brev till varandra.

4 Erik kör bil till _____ arbete.

5 Kristina och _____ väninna Monika bor i samma lägenhet.

6 Kalle och _____ pappa är intresserade av bilar och mopeder.

7 Bo har många böcker och Monika lånar ofta _____ böcker.

8 Åke och Eva har en lägenhet tillsammans. _____ lägenhet är liten.

9 Lena och Sven är inte så ofta hemma i _____ lägenhet.

10 Erik tycker, att _____ arbete är intressant.

11 Greta och _____ man Torsten är ofta ute och cyklar.

12 Ingrid träffade _____ man på en dansrestaurang.

B *Skriv rätt pronomen!*

Exempel:

__*Den*__ leker med __*sin*__ boll.
(katten)   (kattens)

1 _____ leker med _____ bollar.
  (katten)   (barnens)

▶

143

2 _____ leker med _____ boll.
　　(barnet)　　　　　　(kattens)

3 _____ leker med _____ bollar.
　　(katterna)　　　　　　(barnets)

4 _____ leker med _____ boll.
　　(barnen)　　　　　　(kattens)

5 _____ leker med _____ bollar.
　　(katterna)　　　　　　(katternas)

6 _____ leker med _____ boll.
　　(barnet)　　　　　　(katternas)

7 _____ leker med _____ bollar.
　　(katten)　　　　　　(barnets)

8 _____ leker med _____ boll.
　　(barnen)　　　　　　(barnens)

9 _____ leker med _____ bollar.
　　(katterna)　　　　　　(barnens)

10 _____ leker med _____ boll.
　　(barnet)　　　　　　(barnets)

42
Adjektiv och adverb

Skriv ett adjektiv eller ett adverb i meningarna!

Exempel:

vacker   Anna är en *vacker* flicka.

Huset ligger *vackert*

1 hög   Svea bor i ett _____ hus.

Bo spelar _____ på trumpeten.

2 vacker   Berit talar _____

Tavlan är _____ målad.

3 frisk   Barnen ser _____ ut.

Svea känner sig _____

4 glad   Barnen ler _____

De är väldigt _____

5 nervös   Kristina är _____ när hon ska gå till tandläkaren.

Karin skrattar _____

6 vänlig   Greta ler alltid _____

Torsten är en _____ man.

7 dyr   Familjen Svensson bor _____

De har en _____ lägenhet.

8 långsam   Carmen talar _____

Lena har en _____ bil.

▶

9   sen   Erik kommer ofta _____ till arbetet.

            Han är _____ många dagar.

10 trevlig   Barnen ser _____ ut.

            Boken är _____ skriven.

11 artig   Torsten hälsar alltid _____

            Bo är en _____ ung man.

12 snabb   Åke har en _____ bil.

            Vi har lärt oss svenska _____

43
Adjektiv och substantiv i utropssats

Fyll i rätt form av orden!

Exempel:

Vilka __fina__ __kort__ !
       fin   kort

1. Alla ser verkligen _____ ut.
                          glad

2. Vad _____ är _____ !
        mat   dyr

3. En sådan _____ _____ du har!
              trevlig   lägenhet

4. Vad Berit ser _____ ut!
                    ledsen

5. Så _____ _____ du har köpt!
     vacker   blomma

6. Vilket _____ _____ det är idag!
        vacker   väder

7. Så _____ han har blivit!
     gammal

8. Vad de är _____ !
          trevlig

9. Så _____ huset är!
     stor

10. Sådana _____ _____ det finns!
         snygg   kläder

Ordföljd i utropssats

Ändra meningarna så att de blir utropssatser!

Exempel: Du har en gammal bil. (vilken)

Vilken gammal bil du har!

1 Han har skrivit en intressant bok. (en sådan)

2 Kläder är dyra nuförtiden. (vad)

3 Du ser glad ut. (vad)

4 Du har köpt snygga skor. (så)

5 Vi har vackert väder idag. (ett sådant)

44
Datum

A   När är det Lucia?   *Den trettonde december.*

1   När är det Svenska flaggans dag?

2   När är det Nyårsafton?

3   När är det Annandag jul?

4   När är det Trettondagsafton?

5   När är Nobeldagen?

B   Vad är det för datum?

    1/1   *Det är den första i första.*

1   4/2

2   16/6

3   7/11

4   28/12

5   30/4

6   25/3

7   14/10

8   17/5

9   9/8

10   18/10

Skriv och berätta!

Berätta om en tradition i Ditt hemland!

45
Adjektiv och substantiv

Skriv rätt form av adjektivet och substantivet!

A   Exempel:

1   vacker/väder   Idag är det *vackert   väder*

   Ska vi gå ut i det _____ _____?

2   stor/nyhet   Har du hört den _____ _____?

   Vilken _____ _____?

3   trevlig/flicka   Monika är en _____ _____

   Vad heter den _____ _____?

4   hög/hus   De bor i samma _____ _____

   Finns det några _____ _____ i Lund?

5   intressant/historia Bo berättade en _____ _____

   Han kan många _____ _____

B   Exempel:

gammal/vän   Ingrid har en *gammal   vän* som heter Siv.

   Hon talar ofta i telefon med sin _____ _____

1   god/mat   Birgitta lagar alltid _____ _____

   Hon är känd för sin _____ _____

   Vilken _____ _____ Birgitta lagar!

▶

2 ny/bil

Åke har köpt en _____ _____

Den _____ _____ står på gatan.

Erik har inte råd att köpa någon _____ _____

men han tittar intresserat på Åkes _____ _____

3 intressant/bok

Bo läser en _____ _____

Monika vill gärna låna hans _____ _____

Bo har många _____ _____ i bokhyllan.

Monika får låna den _____ _____ när Bo har läst ut den.

4 fin/kamera

Erik Svensson har en mycket _____ _____

Han fotograferar ofta med sin _____ _____

Birgitta lånar den _____ _____ ibland.

5 stor/hus

På Storgatan 12 ligger ett _____ _____

Svea bor högst upp i det _____ _____

Det finns många _____ _____ i Lund.

Familjen Svensson bor i samma _____ _____

6 liten/rum

Mats _____ _____ är alltid ostädat.

Bo har två _____ _____

Han har många möbler i de _____ _____

Torsten har inget _____ _____ han har ett stort.

7 rolig/historia

Göran berättar ofta _____ _____

Han kommer ihåg alla _____ _____ som han hör.

Kan du någon _____ _____?

46
Verbformer

Skriv rätt form av verbet!

Exempel:

prata		De har alltid mycket att *prata* om

1 sitta		De _____ i köket och pratar.

		Varsågod och _____!

		Svea har _____ och väntat i tio minuter.

2 göra		Vad _____ du?

		Vad _____ du när telefonen ringde?

		Vad har du _____ idag?

3 komma	Vill du inte _____ in på en kopp kaffe?

		Jag _____ när jag får tid.

		Läraren har redan _____

4 köpa		Åke och Eva har _____ ny bil.

		Kalle måste _____ nya kläder.

		Göran _____ en tidning när han gick hem från arbetet.

5 ligga		Monika _____ i sängen och sover.

		Boken _____ på bordet för en minut sedan.

		Det bästa hon vet är att _____ och läsa tidningen i sängen.

6 se		_____ du det nya programmet på TV igår kväll?

		Jag har aldrig _____ något liknande.

		Vad du _____ ledsen ut!

▶

7 läsa   Har du _____ tidningen idag?

            Bo ska _____ ut boken ikväll.

            _____ du om deras förlovning i tidningen?

8 gå   Jasna har _____ hem.

            Vill du _____ med på bio bio ikväll?

            Han _____ när hon kom.

9 höra   _____ på vad jag säger!

            Torsten _____ inte så bra.

            Förlåt, jag _____ inte vad du sade.

10 tycka   Svea _____ om kaffe.

            Erik _____ att parfymen luktade gott.

            Hon har alltid _____ om att lyssna på musik.

Läsförståelse

1 Vad gör Erik Svensson och Hellströms på gatan?

_____
_____
_____
_____
_____
_____

2 Berätta om Torsten och Greta Falk!

3 Vad gör familjen Nilsson?

4 Vad talar Birgitta och Svea om?

47

Rumsadverb

Skriv meningarna färdigt!

Exempel:

Ulla tittar *in* *i* lägenheten.

1 Erik tittar _____ _____ fönstret.

2 Hon går _____ _____ trappan.

3 Berit går _____ _____ rummet och sätter sig i soffan.

4 Åke går _____ _____ dörren och stänger den efter sig.

5 Mannen går _____ _____ polisen och frågar efter vägen.

6 Barnen springer _____ _____ trappan och ut på gatan.

7 Greta går _____ _____ affären när hon har handlat.

8 Milan flyttar _____ _____ huset med sin familj.

Prepositioner

Skriv rätt ord!

Exempel:

Alla *i* huset talar *med* varandra.

1 Familjen har barn _____ deras ålder.

2 De stiger _____ bilen och tittar _____.

3 Dörren _____ lägenheten är stängd.

4 De står _____ gatan _____ huset.

5 Affären ligger _____ torget.

6 Åke tittar _____ Eva, när hon dukar _____ bordet.

7 Vad du ser glad _____!

8 Tack _____ hjälpen!

9 Kungen delar _____ nobelprisen.

10 Det var det värsta jag har hört _____ hela mitt liv!

11 Vad står det _____ tidningen?

12 Jasna går _____ skolan.

13 Hur dags går hon _____ skolan?

14 Stäng _____ TV:n, är du snäll!

15 Alla hjälper _____ med disken.

16 Vill du sätta _____ radion?

17 Det finns inga gardiner _____ fönstret.

18 Står det något namn _____ dörren?

19 Vad ska vi ha _____ middag idag?

20 Hör _____ vad jag säger!

48

Ordkunskap

Vad är

Vad är en fot + en boll?

Det är en fotboll.

1 ett barn + en vagn?

2 ett barn + ett rum?

3 en vår + en blomma?

4 att skriva + ett bord?

5 en dans + en restaurang?

6 ett arbete + en plats?

7 ett kök + ett bord?

8 en dag + ett hem?

9 ett hår + ett schampo?

10 ett arbete + en dag?

11 en möbel + en affär?

12 att resa + en väska?

13 en vardag + ett rum?

14 en mat + ett bord?

15 en kväll + en tidning?

16 att sova + ett rum?

17 ett huvud + en stad?

18 en grammofon + en skiva?

19 att bada + ett kar?

20 en lunch + ett rum?

21 ett bord + en lampa?

22 att flytta + en bil?

23 ett kaffe + en kopp?

24 en vecka + en dag?

25 ett arbete + en kamrat?

26 ett golv + en lampa?

27 en hund + ett väder?

28 en buss + en biljett?

29 ett kött + en disk?

30 en ost + en smörgås?

31 ett badrum + ett skåp?

32 en näsa + en duk?

33 en mat + ett pris?

34 ett brev + en låda?

35 en vecka + en tidning?

36 hemma + en kväll?

37 en bil + en skola?

38 en stad + ett bibliotek?

39 en flicka + en vän?

40 ett arbete + en tid?

41 en färg + en TV?

▶

42 att bada + ett rum?

___

43 en höst + en kväll?

___

44 en soffa + ett bord?

___

45 en son + en son?

___

46 sjuk + ett hus?

___

47 en semester + ett väder?

___

48 en mor + en bror?

___

49 att bada + byxor?

___

50 en saga + en bok?

___

49
Ordföljd

A *Skriv adverbet på rätt plats i meningen!*

Exempel:

inte	Eva spelar piano.	*Eva spelar inte piano.*
	Åke säger, att Eva spelar piano.	*Åke säger att Eva inte spelar piano.*

1. alltid — Svea har bott i Lund. _____
2. för det mesta — Jasna är glad. _____
3. väl — Du vill ha en kopp kaffe? _____
4. hellre — Vill du ha en kopp te? _____
5. egentligen — Det här är väldigt enkelt. _____
6. ofta — Går du på bio? _____
7. aldrig — Kalle har varit intresserad av balett. _____

B *Skriv adverbet på rätt plats i den kursiverade bisatsen!*

1. aldrig — Olle frågar, *om Svea har varit i Paris.* _____
2. sällan — Göran tycker, *att Ulla är sjuk.* _____
3. alltid — Carmen undrar, *om det regnar i Sverige.* _____
4. gärna — Hon säger, *att hon kommer.* _____

5   kanske   Eva undrar, *om Åke vill gå på bio.* _____

Läsförståelse

1   Vad händer på Storgatan 12?

_____
_____
_____

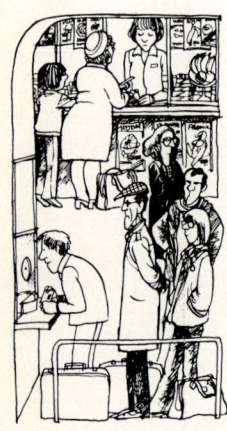

2   Vad gör Torsten och Greta Falk på järnvägsstationen?

_____
_____
_____

3   Berätta om Olles sommarjobb!

_____
_____
_____

50
Deponens

Ändra meningarna så, att du får ett verb som slutar på -s!

Exempel:

Åke träffar Sten. Sten träffar Åke.

Åke och Sten träffas.

1 trivas

   Eva tycker att det är trevligt att bo i Lund.

2 minnas

   Kommer du ihåg mig?

3 kännas

   Hur mår du idag?

4 märkas

   Alla kan se att han är sjuk.

5 hoppas

   Jag önskar att du får en trevlig resa!

Ord och fraser

Bilda meningar med följande fraser!

Exempel:

(ett ögonblick) *Kan du vänta ett ögonblick?*

1 (för sent)

2 (så här sent)

3 (kommit fel)

4 (hur ska jag gå)

5 (rakt fram)

6 (ta till vänster)

7 (skulle jag kunna)

8 (stör)

9 (så länge)

10 (till dig)

51
Deponens

A Placera in rätt form av verbet!

Exempel:

svettas	Han	_svettas_	alltid när det är varmt.
1 hoppas	Hon	_____	på det bästa.
2 skiljas	De	_____	som vänner.
	De ska	_____	
3 födas	Det	_____	för lite barn i Sverige.
	Det regnade när jag	_____	
4 lyckas	Han har verkligen	_____	bra.
	Det kan inte	_____	varje gång.
5 umgås	De	_____	mycket när de bodde i Lund.
	De	_____	aldrig med sina grannar.

B Ändra meningarna så att du får ett verb som slutar på -s!
Använd de här verben:

hjälpas åt, umgås, minnas, saknas, vistas, låtsas, skiljas, lyckas, märkas, kräkas

Exempel: Erik är mycket varm.   _Han svettas._

1 Jag kommer inte ihåg var han bor.   _____

2 Hon träffar ofta sina grannar.   _____

3 Han är i London just nu.   _____

4 Man kan inte finna honom.   _____ ▶

5   Hon får inte behålla det hon äter.   _____

6   Man kan se att du är glad.   _____

7   Hon säger att hon är glad, men det är inte sant.   _____

8   De ska inte vara gifta längre.   _____

9   Det har gått bra för honom.   _____

10 De hjälper varandra.   _____

52
Direkt och indirekt tal

Direkt tal *Indirekt tal*

Exempel:

    Åke: "Eva kommer."   *Åke säger att Eva kommer.*

1 Åke: "Kommer Eva?"

2 Eva: "Jag är lärare."

3 Ingrid: "Jag är från Kalmar."

4 Svea: "Varifrån är Ingrid?"

5 Berit: "Vad är klockan?"

6 Olle: "När går bussen?"

7 Karin: "Vi är fem i familjen."

8 Erik: "Jag är hungrig."

9 Berit: "Har någon ringt?"

10 Svea: "Jag skulle vilja ha en bil."

11 Torsten: "Det är vackert väder idag."

12 Greta: "Vad ska vi ha till middag?"

13 Milan: "Kommer du från Sverige?"

14 Erik: "Jag tycker om köttbullar."

Skriv om meningarna till indirekt tal!

Exempel:

Ulla — Mamma är snäll.   *Ulla säger att mamma är snäll.*

1 Peter   Bor Åke i Lund?

2 Inger   Har kursen börjat?

3 Åke   När kommer bussen?

4 Lena   Var är mina böcker?

5 Bo   Jag ska resa till Paris.

6 Åsa   Jag har tappat mina pengar.

7 Kalle   Eva och jag tvättar våra kläder.

8 Siv   När börjar filmen?

9 Adam   Jag har inte tid.

10 Berit   Mina föräldrar är gamla.

11 Sven   Jag har tvättat min bil.

12 Sonja   Hur mycket är klockan?

13 Bertil   Eva ska resa utomlands.

14 Ylva   Jag har varit i Paris.

15 Gösta   När ska Åsa komma?

53
Direkt och indirekt tal

Skriv vad de frågar, säger och vill veta!

Exempel:

Milan: "Var skriver man upp sig?"

Vad vill Milan veta?

Milan vill veta var man skriver upp sig.

1 Ulla: "Här hänger man upp tvätten."

Vad visar Ulla?

2 Kalle: "Hur mycket är klockan?"

Vad vill Kalle veta?

3 Ulla: "Jag visar gärna hur man gör."

Vad säger Ulla?

4 Berit: "Så här gör man när man startar en bil."

Vad visar Berit?

5 Birgitta: "Måste Olle verkligen spela grammofon så högt?"

Vad undrar Birgitta?

▶

6   Mats: "Det här har vi gjort på dagis idag."

    Vad berättar Mats?

7   Åke: "Var har du lärt dig så bra svenska, Milan?"

    Vad vill Åke veta?

8   Ulla: "Kalle, du måste tala om vart du ska gå."

    Vad måste Kalle göra?

9   Kristina: "Monika, du måste hjälpa mig med disken."

    Vad säger Kristina att Monika måste göra?

10 Sven: "Jag har varit i Paris idag."

    Vad berättar Sven för Lena?

11 Eva: "Kan jag få tala med herr Nilsson?"

    Vad undrar Eva?

12 Jasna: "Här bodde jag i Jugoslavien."

    Vad visar Jasna på kartan?

54

Därför – därför att

Exempel:
Milan kommer från Kroatien. ___Därför___ talar han kroatiska.

Milan talar kroatiska, ___därför att___ han kommer från Kroatien.

1 Erik är bilmekaniker. _____ kan han laga familjens Volvo.

   Erik kan laga familjens Volvo, _____ han är bilmekaniker.

2 Lena är flygvärdinna. _____ har hon sett många länder.

   Lena har sett många länder, _____ hon är flygvärdinna.

3 Bo har studerat engelska. _____ talar han språket flytande.

   Bo talar engelska flytande, _____ han har studerat engelska.

4 Ingrid är frånskild. _____ har hon ingen make.

   Ingrid har ingen make, _____ hon är frånskild.

5 Berit och Kalle har skaffat en katt, _____ de tycker om djur.

   Berit och Kalle tycker om djur. _____ har de skaffat en katt.

6 Maria talar dålig svenska. _____ går hon på en svenskkurs.

   Maria går på en svenskkurs, _____

7 Torsten är gammal. _____ är han pensionerad.

   Torsten _____ , _____

8 Olle badar, därför att vattnet är varmt.

   Vattnet _____ _____

9 Eva är intresserad av litteratur. _____ har hon många böcker.

   Eva _____ _____ ▶

10 Kristina har studerat franska. _____ talar hon franska ganska bra.

   Kristina _____ _____

11 Berit träffar ofta Kjell, _____ hon älskar honom.

   Berit _____ _____

12 Mats måste vara på daghem, _____ hans mamma arbetar.

   Mats _____ _____

Läsförståelse

1 Berätta om Kristina och kärleken!

2 Vad säger Berit och Kjell till varandra?

_____

_____

_____

_____

_____

_____

3 Vad gör Ulla i tvättstugan tillsammans med Maria och Milan Novak?

_____

_____

_____

_____

_____

55
Verbformer

Skriv rätt form av verbet!

Exempel:

1 träffa

Svea _träffade_ Birgitta i trappan, när hon kom hem från arbetet.

Ska Bo _____ Monika ikväll?

Nej, han har redan _____ henne.

2 höra

Har Svea _____ den stora nyheten?

Ja, hon fick _____ den av Birgitta.

_____ på vad jag säger!

3 bestämma

Har Bo och Monika _____ när de ska gifta sig?

Ja, det _____ de, när de förlovade sig.

Du måste _____ dig fort.

4 ta

Vem har _____ min penna?

Hon _____ boken, när hon gick.

Ska vi _____ paus nu?

5 dricka

Ska vi _____ en kopp kaffe?

Jag har redan _____ kaffe.

Jag _____ kaffe, när jag åt frukost.

Läsförståelse

1 Vad gör Ingrid Ek och Mats?

2 Vad talar Svea Lindberg och Birgitta Svensson om?

En bildberättelse

Skriv en berättelse med hjälp av bilderna!

56
Pluskvamperfekt och imperfekt

Skriv meningar! Tänk på ordföljden!

Exempel:

Eva, äta middag/diska.

När Eva hade ätit middag, diskade hon.
Eva diskade, när hon hade ätit middag.

1 Eva, komma hem/laga mat

2 Bo, äta frukost/gå hemifrån

3 Kalle, sluta skolan/gå hem

4 Erik, vara hos doktorn/sova

5 Bo duscha/klä på sig

6   Monika, läsa boken/lämna tillbaka den

7   Ingrid, läsa sagan/Mats somna

8   Kristina, ha semester/bli vackert väder

Ordkunskap

Skriv sammansatta ord!

Exempel: ett arbete+en kamrat= *en arbetskamrat*

1   en pojke+en vän=

2   ett bad+en strand=

3   grön+en sak+en disk=

4   en telefon+ett nummer=

5   en person+ett nummer=

6   en vardag+ett rum=

7   att tvätta+en maskin=

8   att vänta+ett rum=

9   ett barn+en vagn=

10 att diska+en maskin=

11 en järnväg+en station=

12 en tand+en borste=

13 en gratulation+ett kort=

14 en sallad+ett huvud=

15 en kassett+en bandspelare=

16 en sommar+ett arbete=

17 ett namn+en skylt=

18 en tändsticka+en ask=

19 ett livsmedel+en affär=

20 en vecka+ett slut=

Läsförståelse

Vad händer med Erik Svensson?

57
Futurum

A Skriv meningarna färdigt!

Jag tänker _stanna hemma under min semester._

1 _____ när jag har _____

2 _____ kommer att _____

3 _____ om jag får råd.

4 Vad tänker _____

5 När jag har slutat _____

6 Hon kommer kanske att _____

7 _____ vem vet?

8 _____ på bättringsvägen.

9 Det är bäst att _____

10 _____ inte alls _____

B Bilda meningar med futurum. Använd rätt konstruktion!

Exempel:

Vad ska Erik göra imorgon? (arbeta) VILJA

Erik ska arbeta imorgon

1 Vad ska Berit göra ikväll? (gå på bio) AVSIKT

_____

2 När ska sommarlovet börja? (i juni) PROGRAM

▶

181

3   Vad ska Birgitta göra, när hon har ätit middag? (diska) TVÅ TIDER

4   Vad ska Berit göra när hon har slutat gymnasieskolan? (söka in på högskola) AVSIKT

5   Vad ska Mats göra när han är sju år? (börja skolan) PROGRAM

6   Vad ska Carmen göra, när hon har avslutat svenskkursen? (börja arbeta) TVÅ TIDER

7   Vad ska Kristina göra, när hon har fått lön? (betala hyran) TVÅ TIDER

58
Stå, stanna, ställa

Exempel:

___Stå___ upp!

1 Bilen kunde inte _____ utan körde på pojken.

2 Om du är sjuk, måste du _____ hemma.

3 Jag tycker inte om att _____ i kö.

4 Du kan _____ cykeln här.

5 Varför _____ du när du kan sitta?

6 Hon _____ sig på en stol, för att kunna se bättre.

7 Ska du _____ i Sverige?

8 Vad _____ det i tidningen idag?

9 Mitt namn _____ på listan.

10 Tåget _____ alltid i Lund.

Ordkunskap

Placera in följande ord i meningarna:

inuti, bort, inifrån, därifrån, framifrån, hem, innanför, nära, hemifrån, baklänges.

Exempel:

Är du ___hemma___ ikväll?

1 Hon hörde ett ljud _____ rummet.

2 De satt _____ varandra i soffan.

3 Jag ringer dig, när jag kommer _____

4 När han var 18 år flyttade han _____

5 När en bil backar, kör den _____

6 Kommer du från Norrland? Jag visste inte att du kom _____

7 Skorna stod _____ dörren.

8 Jag är inte hemma ikväll. Jag ska gå _____

9 Hon öppnade paketet och _____ det låg en ring.

10 Passfoton ska tas _____

59
Kunna, veta, betyda, heta, mena

Exempel:

Vad __*heter*__ bil på engelska?

1 Vad _____ Sveriges huvudstad?

2 Vad _____ du med att komma försent?

3 _____ Ni säga mig var Posten ligger?

4 Musiken _____ mycket för Bo.

5 Vad _____ skylten?

6 Erik _____ ingenting om symaskiner.

7 Carmen _____ hur man stavar till Xylofon.

8 Jasna _____ tala svenska.

9 Jag förstår inte riktigt. Vad _____ du?

10 Vad _____ Monika för Bo?

Frekvens

Exempel:

Hur ofta får Göran lön? (en gång/månad)

Göran får lön en gång i månaden.

1 Hur ofta äter Du frukost? (en gång/dag)

_____

2 Hur ofta skriver Greta brev till sina barn? (två gånger/månad)

_____ ▶

3 Hur ofta har familjen Svensson semester? (en gång/år)

4 Hur ofta är det lördag? (en gång/vecka)

5 Hur ofta ringer telefonen? (en gång/minut)

6 Hur ofta är det natt? (en gång/dygn)

7 Hur ofta dricker du kaffe? (fyra gånger/dag)

8 Hur ofta handlar du? (fem gånger/vecka)

9 Hur ofta andas du? (sexton gånger/minut)

10 Hur ofta åker du tåg? (tre gånger/månad)

60

Verbaladjektiv – presens particip

Skriv presens participformen av verbet!

Exempel:

Vad är en man, som arbetar?   *Det är en arbetande man.*

1 Vad är ett barn, som leker?
2 Vad är en tid, som passar?
3 Vad är ett väder, som växlar?
4 Vad är en lampa, som lyser?
5 Vad är en passagerare, som betalar?
6 Vad är en vän, som förstår?
7 Vad är ett barn, som bråkar?
8 Vad är vatten, som kokar?
9 Vad är en läkare, som har jour?
10 Vad är en bil, som är bakom?
11 Vad är ett par, som grälar?
12 Vad är en medicin, som lugnar?
13 Vad är en storlek, som passar?
14 Vad är barn, som skrattar?
15 Vad är turister, som solbadar?
16 Vad är en elev, som undrar?
17 Vad är ett land, som exporterar vin?

▶

18 Vad är ett arbete, som lönar sig? _____

19 Vad är ett ljud, som stör? _____

20 Vad är familjer, som promenerar? _____

Presens particip

Skriv ett presens particip i meningarna!

Exempel:

   Människor som går kallas   *gående*

1 Människor som reser kallas _____

2 Barn som leker, är _____ barn

3 En katt som sover är   en _____ katt

4 en kvinna som ska ha barn är   en _____ kvinna

5 en flicka som skrattar är   en _____ flicka

6 Den som ska bli Annas man är   hennes _____ man

7 Greta kom och sjöng.   Hon kom _____

8 Eva kom och sprang.   Hon kom _____

9 Torsten kom och cyklade.   Han kom _____

10 Barnet kom och grät.   Det kom _____

11 Olle kom och visslade.   Han kom _____

Läsförståelse

1 Berätta om Berits och Kalles framtidsplaner!

2 Vad säger Berits föräldrar, när hon vill ha högre månadspeng?

3 Lena Nyman och Sven Berg är ett "flygande par". Berätta om dem!

61

Genom att – utan att

Utan att

Göran har blivit lite rundare om magen. Han har inte märkt det.

(huvudsats) *Göran har blivit lite rundare om magen,*

(bisats) *utan att han har märkt det*

Genom att

Ulla har lärt sig engelska. Hon har gått på en kurs.

(huvudsats) _____

(bisats) _____

Utan att

Berit får alltid som hon vill. Hon bråkar inte.

(huvudsats) _____

(bisats) _____

Genom att

Arbetarna protesterade. De sittstrejkade.

(bisats) _____

(huvudsats) _____

Storlek

Pelles kläder passar inte så bra. Vad kan man säga om dem?

(mössan) *Mössan är för stor*

(ärmarna) _____

(byxorna) _____

(skorna) _____

Bodils kläder passar inte heller så bra. Vad kan man säga om dem?

(mössan) _____

(jumpern) _____

(byxorna) _____

(tofflorna) _____

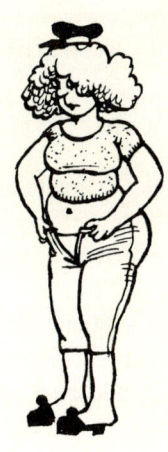

62
Var, vart, här, hit, där, dit

A Exempel:

Åke frågar, __var__ Ellen bor.

1 Lund är en stad, _____ det finns många studenter.

2 Stockholm är en stad, _____ många turister kommer.

3 Göteborg är en stad, _____ man tillverkar Volvobilar.

4 Sverige är ett land, _____ många invandrare åker.

5 Sverige är ett land, _____ det bor många invandrare.

6 Vi måste bestämma, _____ vi vill åka.

7 Svea är här. Hon vill, att du ska komma _____

8 Sibirien är ett land, _____ det är mycket kallt.

9 Norge är det enda land i världen, _____ man talar norska.

10 Frankrike är ett land, _____ man producerar vin.

11 Jag är född på en plats, _____ man talar småländska.

12 Wien är en stad, _____ jag skulle vilja åka.

B Skriv rätt ord, **där** eller **dit** i meningarna! Titta på exemplet!

Exempel:

Lund är en stad, __där__ familjen Hellström bor.

Lund är en stad, __dit__ många turister brukar komma på sommaren.

1 På Storgatan ligger ett hus, _____ Milan har flyttat med sin familj.

2 Eva har en bokhylla, _____ många av hennes böcker står.

3 I köket, _____ mamma lagar mat, brukar det vara varmt och skönt.

4 Sven kör till Sturup, _____ det ligger en stor flygplats.

5 Skåne är ett landskap, _____ många invandrare har flyttat.

6 Bo studerar vid universitetet, _____ han brukar gå varje dag.

7 Milan kör ofta till Malmö, _____ många av hans landsmän bor.

8 Berit går ofta hem till Kjell, _____ hon brukar sitta och lyssna på skivor.

9 Sven hämtar Lena från Sturup, _____ hon har kommit från Italien.

10 Ingrid cyklar till daghemmet, _____ hon lämnar Mats.

Ordkunskap

A Skriv motsatser till dessa adjektiv!

Exempel: stor – *liten*

1	frisk	– _____	11	tjock	– _____
2	pigg	– _____	12	tung	– _____
3	lång	– _____	13	bra	– _____
4	ful	– _____	14	låg	– _____
5	bred	– _____	15	dyr	– _____
6	ung	– _____	16	hård	– _____
7	varm	– _____	17	lugn	– _____
8	långsam	– _____	18	ljus	– _____
9	svår	– _____	19	ny	– _____
10	öppen	– _____	20	ledsen	– _____

B Skriv motsatser till dessa verb!

Exempel: öppna – *stänga*

1 köpa – _____ 6 ge – _____

2 duka – _____ 7 stänga av – _____

3 glömma – _____ 8 sälja – _____

4 ljusna – _____ 9 svettas – _____

5 födas – _____ 10 gå och lägga sig – _____

63

Ingen/inget/inga/inte någon/inte något/inte några!

A Exempel:

Erik ska köpa bil.   *Erik ska inte köpa någon bil.*

1 Karin har ätit kakor.

2 Olle har moped.

3 Ulla har pengar.

4 Svea vill ha en kopp kaffe.

5 Torsten har haft bil.

6 Greta talar annat språk.

7 Kalle har andra kläder.

8 De vill bo i ett annat hus.

B 1 Ulla: "Jag har inga släktingar i Lund".

Ulla säger, att

2 Birgitta: "Vi har inga bra grammofonskivor."

Birgitta säger, att

3 Göran: "Vi har inget hus."

Göran säger, att

Skriv och berätta!

Texten "Semester" slutar med: Vad i all världen ska de göra nu?
Skriv och berätta vad Du tror att de gör!

Likhet och olikhet

Kristina är 25 år men Monika är 24 år.

De är inte lika gamla.

1. Kristina och Monika har stora bruna resväskor.

2. Monika ser inte ut precis som sin mor.

3. Kalle och Olle talar på samma sätt.

4. Karin är alltid glad varje dag.

5. Sven och Lena har en lägenhet tillsammans.

64
Vad blir resultatet?

A Använd perfekt particip!

Exempel: Resultat:

    Ulla har lagat maten.   *Maten är lagad.*

1 Kalle har målat stolen.

2 Berit har sytt kläderna.

3 Carmen har skrivit brevet.

4 Olle har stängt dörren.

5 Torsten har öppnat fönstret.

6 Milan har betalat hyran.

7 Berit har dukat bordet.

8 Erik har gjort arbetet.

9 Anna har läst läxan.

10 Monika har släckt lamporna.

B När Eva Hellström har mycket att göra, brukar hon skriva en lista på de viktigaste sakerna och sedan "pricka av" dem, när hon är färdig.
Så här kan hennes lista se ut en dag:

Exempel:

    Bädda sängarna!   *Sängarna är bäddade.*

1 Städa badrummet!

2 Byt glödlampa i hallen!

3 Skriv brev till mamma!   ▶

197

4   Köp mat till middagen!

5   Betala hyran!

6   Hämta paketet på posten!

7   Baka småkakor!

8   Släng soppåsen i sopnedkastet!

9   Häng upp tvätten till tork!

10 Dammsuga mattorna!

11 Översätt brevet!

12 Torka golvet!

13 Tvätta kläderna!

14 Fotografera barnen!

15 Kasta de gamla tidningarna!

16 Beställ tågbiljetterna!

17 Sortera tvätten!

18 Kontrollera alla uppgifterna!

19 Stek köttbullarna!

20 Tänd lamporna!

21 Vispa grädden!

22 Stryk skjortorna!

23 Parkera bilen på gatan!

24 Servera middagen!

25 Sopa trapporna!

65
Vad blir resultatet?

A Exempel: Resultat:

Olle har druckit ur glaset.   *Glaset är urdrucket.*

1 Bo har läst ut romanen.

2 Ulla har sytt fast knapparna.

3 Torsten har satt på radion.

4 Kalle har smutsat ner byxorna.

5 Birgitta har hängt upp en tavla.

6 Kalle har dragit för gardinerna.

7 Någon har brutit av pennan.

8 Bo har hällt upp lite vin till Monika.

9 Svea har bjudit in Birgitta på en kopp kaffe.

10 Kristina har samlat in uppgifter om Italien.

11 Erik har klistrat in fotona.

12 Birgitta har blandat i grädde.

13 Bo har stängt av stereon.

14 Pappa har burit in väskorna.

15 Mamma har tagit fram kläderna.

16 Kalle har släppt ut katten.

17 Sjukhuset har lagt in Emma.

18 Eva har skrivit upp receptet.

19 Barnen har slitit ut kläderna.

20 Torsten har satt in pengarna på banken.

66

Aktiv – passiv

A Skriv meningarna i passiv form!

Exempel:

Birgitta bakar kakan   *Kakan bakas av Birgitta.*

1 Verkstaden lagar bilen.

2 Man stänger affärerna klockan sex.

3 Läkaren tar emot patienterna.

4 Olle öppnar dörren.

5 Eva bäddar sängen.

6 Många studenter besöker biblioteket.

7 Barnen plockar blommorna.

8 Eva läser boken.

9 Mamma dukar bordet.

10 Brevbäraren delade ut breven.

11 Turisterna besökte campingplatsen.

12 Göran har fyllt i deklarationsblanketten.

13 Eleverna studerade grammatiken.

14 Publiken har sett filmen.

15 Olle ska ta ett foto.

16 Erik har bytt olja.

17 Barnen diskade glasen.

18   Ulla har skalat potatisen.

19   Svea har städat banken.

20   Göran byggde huset.

B   Skriv om receptet i passiv!

VÅRSALLAD

Ingredienser
1 grönsalladshuvud.   Skölj grönsakerna väl. Strimla salladsbladen.
1 knippe rädisor   Skär rädisorna i skivor. Strimla gurkan.
1 hg färsk gurka   Skär tomaterna i klyftor. Lägg allt i en skål.
2–3 tomater   Blanda samman ingredienserna till såsen.
Sås: 1 msk pressad   Häll såsen över grönsakerna strax före
citron   serveringen. Servera salladen till kött-
2–3 msk olja   eller fiskrätter.
salt, vitpeppar

67
Resultat

Vad blir resultatet? Använd perfekt particip!

Exempel:

Olle har tänt ljuset.   *Ljuset är tänt.*

1. Kalle har låst upp dörren.
2. Vi har köpt blommorna.
3. Anna har glömt allt.
4. Berit har packat ner böckerna i väskan.
5. Mamma har städat rummen.
6. Erik har satt in pengarna på banken.
7. Ingrid har stängt av TV:n.
8. Barnen har dukat av bordet.
9. Åke har borstat sina skor.
10. Erik har målat om bilarna.

Ordföljd

Skriv meningar med orden till vänster! Börja med det ordet som är kursiverat!

Exempel:

mjölk dricker till *Eva* maten ofta

Eva dricker ofta mjölk till maten

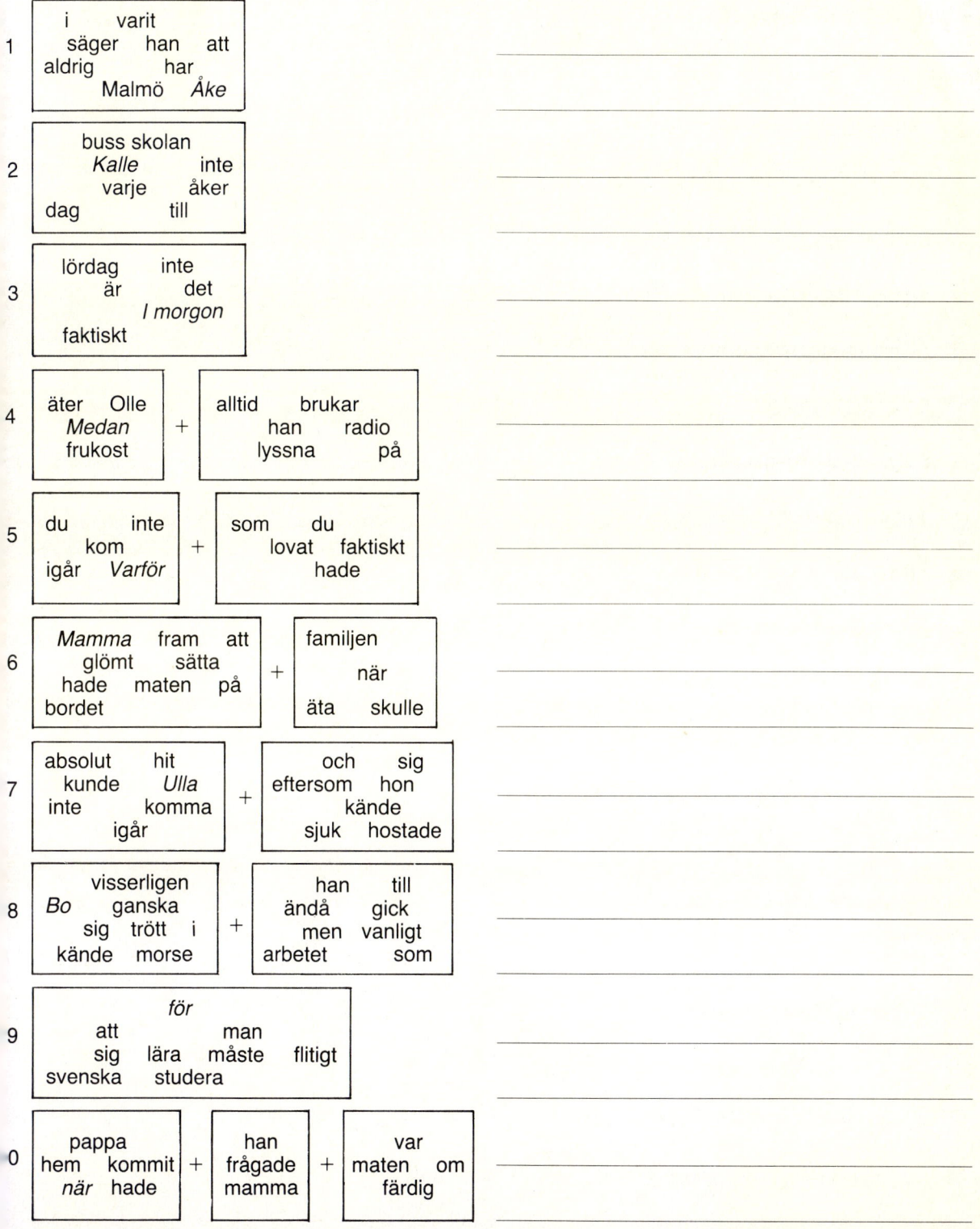

Formellt subjekt

Exempel: En pojke cyklar på gatan. → Det cyklar en pojke på gatan.

1. En kyrka ligger vid torget.

2. En familj promenerar i parken.

3. En flicka ligger på stranden och solar.

4. En fågel flyger över sjön.

5. Ett barn ligger och sover i sängen.

6. En bil står i garaget.

7. En gammal man går i trappan.

8. Två barn springer på lekplatsen.

9. Ett par sitter på parkbänken.

10. En buss står på hållplatsen.

11. Två flickor kommer gående på gatan.

12. En tändsticka ligger i askfatet.

13. Många blommor växer i skogen.

14. Gamla möbler står i rummet.

15. En tavla hänger på väggen.

16. En taxi kör på gatan.

17. En tidning ligger på bordet.

18. En student sitter och studerar på biblioteket.

19. En vän kommer på besök till familjen.

20. Vackra blommor står i vasen.

Läsförståelse

1 Vad händer på Kristinas och Monikas semester?

2 Varför vill Ulla Nilsson inte städa Kalles rum?

3 Berätta om familjen Svenssons sommarstuga!

68
Ordkunskap

Vad kan man säga i stället för...?

Exempel:

    reparera = *laga*

1 fastän = _____
2 mor = _____
3 15 minuter = _____
4 cirka = _____
5 förlåt! = _____
6 plugga = _____
7 handla mat = _____
8 hitta = _____
9 säga 'hej' = _____
10 mötas = _____

11 koppla av = _____
12 hastigt = _____
13 jämt = _____
14 med detsamma = _____
15 31 december = _____
16 3 månader = _____
17 gravid = _____
18 det blir mörkt = _____
19 10 kilometer = _____
20 prata = _____

Tidsuttryck

Exempel:

    När kom du till Sverige? (5 månader)

Jag kom till Sverige för fem månader sedan.

1 När läste du tidningen? (morse)

2 När ska du ha semester? (sommar)

3 När var du sjuk sist? (vår)

4 När ska du gå till tandläkaren? (måndag)

5 När var du hos doktorn? (måndag)

6 När var du på bio? (en vecka)

7 När ska du börja arbeta? (en vecka)

8 När ska Mats börja förskolan? (höst)

9 När sover du? (natt)

10 När snöade det? (vinter)

11 När är det jul? (december)

12 När kommer du tillbaka? (fem minuter)

69

Trots – trots att

Exempel: *Trots* regnet badar Olle. Olle badar, *trots att* det regnar.

1. Milan talar bra svenska _____ sin korta vistelse i Sverige.

   _____ Milan har varit kort tid i Sverige talar han svenska bra.

2. Ulla räknar fel _____ sitt yrke som kassörska.

   _____ Ulla är kassörska till yrket räknar hon fel.

3. Bo klarade inte provet _____ sina långa studier.

   Bo klarade inte provet, _____ han hade studerat länge.

4. _____ Göran har ett tungt arbete blir han inte särskilt trött.

   _____ sitt tunga arbete blir Göran inte särskilt trött.

5. _____ en SAAB kostar mycket har Hellströms köpt en sådan bil.

   Hellströms har köpt en SAAB, _____ en sådan bil kostar mycket.

6. _____ skilsmässan är Ingrid lycklig.

   Ingrid är lycklig, _____ hon är skild.

7. Sven trivs med arbetet, _____ det är oregelbundet.

   _____ sitt oregelbundna arbete trivs Sven med det.

8. _____ den svåra grammatiken har Monika lärt sig spanska.

   Monika har lärt sig spanska, _____ grammatiken är svår.

9. Lena trivs _____ det stressiga arbetet.

   _____ Lenas arbete är stressigt, trivs hon med det.

10. Torsten är sportig _____ sin höga ålder.

    _____ Torsten är gammal, sportar han gärna.

Skriv och berätta!

Det här är familjen Svenssons semesterparadis.
Berätta om vad du helst vill göra, när du har semester!

Ordkunskap

Skriv verb och adjektiv!

	verb	adjektiv
Exempel:	*mörkna*	mörk
1	blåsa	
2		regnig
3	smutsa ner	
4		torr
5	tröttna	

Konjunktioner

A   Stryk under rätt konjunktion!

Exempel:

```
               eftersom
Eva badar, sedan    vattnet är varmt.
               som
```

```
                       och
1  Han heter inte Per Nilsson,  men Nils Persson.
                       utan
```

```
                  för att
2  Eva arbetar inte,  eftersom  det regnar.
                  fast
```

```
                  trots att
3  Olle badar i havet,  eftersom  det regnar.
                  om
```

```
              när
4  Åke duschar, utan att  han har stigit upp
              innan
```

210

5 Jag kommer, men / fast / om du vill.

Skriv färdigt meningarna!

1 Eva bodde i Eslöv, innan _____

2 Om du vill, _____

3 _____ eftersom _____

4 Trots att _____

5 _____ men _____

6 _____ därför att hon är glad.

7 Fastän Torsten har _____

8 _____ utan att _____

9 _____ och _____

10 _____ när _____

11 Innan _____

12 _____ så att _____

13 _____ därför att _____

14 Medan _____

15 _____ att _____

70
Emfatisk omskrivning

Exempel:

    Vem har lagat maten? (Ulla)   *Det är Ulla som har lagat maten.*

1. Vem frågade? (Olle)
2. Vem har tagit pennan? (Karin)
3. Vem ringde? (Erik)

Exempel:

    Köpte Olle boken på Domus? (Tempo)   *Nej, det var på Tempo som han köpte boken*

1. Sov Karin på soffan? (sängen)
2. Gick Eva på bio? (teater)
3. Är Carmen från Finland? (Spanien)

Ordkunskap

Skriv motsatser!

Exempel: gifta sig – *skiljas*

1. få –
3. födas –
4. fråga –
5. gå och lägga sig –
6. hinna i tid –
7. älska –
8. öppna –
9. hämta –
10. glömma –
11. gråta –
12. ljusna –
13. somna –
14. stänga av –
15. packa ner –
16. svettas –

Läsförståelse

1 "Borta bra men hemma bäst" — vad talar Sven och Lena om?

2 Berätta om Torsten och Greta Falk!

3 Vad hände i Paris?

71

Konditionalis

A   Bilda nya meningar av de två satserna!

Exempel: Solen skiner.   Barnen leker utomhus.

a) _Om solen skiner, leker barnen utomhus._

b) _Skiner solen, leker barnen utomhus._

c) _Barnen leker utomhus, om solen skiner._

1   Maria bantar.   Hon blir smalare.

a)

b)

c)

2   Vädret blir dåligt.   Vi åker inte och badar.

a)

b)

c)

3   Ulla använder köksmaskin.   Hemarbetet går lättare.

a)

b)

c)

4   Hissen fastnar.   Hissmontören måste komma.

a)

b)

c)

5 Eva behöver hjälp med tvätten. Hon ber Åke om att hjälpa till.

a) _____

b) _____

c) _____

6 Kjell ringer inte. Berit blir ledsen.

a) _____

b) _____

c) _____

7 Olle glömmer sina böcker. Han måste köra hem och hämta dem.

a) _____

b) _____

c) _____

8 Kalle bäddar inte sängen. Mamma blir arg.

a) _____

b) _____

c) _____

B Bilda nya meningar av de två satserna!

Exempel:

Åke vinner 50 000. Han köper ny bil.

a) _Om Åke vann 50.000, skulle han köpa ny bil._

b) _Vann Åke 50 000, skulle han köpa ny bil._

▶

1   Eva känner sig sjuk.   Hon stannar hemma.

a) _____

b) _____

2   Karo får ingen mat.   Han blir väldigt hungrig.

a) _____

b) _____

3   Ulla städar inte ofta.   Våningen blir smutsig fort.

a) _____

b) _____

4   Kalle kommer för sent.   Läraren blir irriterad.

a) _____

b) _____

5   Du röker inte.   Du känner dig mycket friskare.

a) _____

b) _____

C   Bilda nya meningar av de två satserna!

Exempel:

Åke/vinna 50 000 – han/köpa ny bil

a) Om Åke hade vunnit 50 000, skulle han (ha) köpt ny bil.
b) Hade Åke vunnit 50 000, skulle han (ha) köpt ny bil.
c) Om Åke hade vunnit 50 000, hade han köpt ny bil.
d) Hade Åke vunnit 50 000, hade han köpt ny bil.
e) Åke skulle ha köpt ny bil, om han hade vunnit 50 000.
f) Åke hade köpt ny bil, om han hade vunnit 50 000.

1   Vi/köpa TV:n kontant – det/bli billigare

a)
b)
c)
d)
e)
f)

2   Eva/inte vara sjuk förra veckan – hon/arbeta som vanligt

a)
b)
c)
d)
e)
f)

3 Ulla/skynda sig i morse – hon/hinna med bussen

a) _____

b) _____

c) _____

d) _____

e) _____

f) _____

4 Maria/kunna svenska bättre – Milan/inte behöva hjälpa henne

a) _____

b) _____

c) _____

d) _____

e) _____

f) _____

5 Monika/inte lära sig franska så bra – hon/inte klara sig i Paris

a) _____

b) _____

c) _____

d) _____

e) _____

f) _____

Ordkunskap

Skriv motsatser!

Exempel: ofta – *sällan*

1 adjö – _____
2 mjukt bröd – _____
3 inga – _____
4 utomhus – _____
5 rätt – _____
6 alltid – _____
7 gift – _____
8 plus – _____

9 bakom – _____
10 i slutet av – _____
11 vänster – _____
12 långsamt – _____
13 under – _____
14 nästa år – _____
15 öster – _____
16 vardag – _____

Skriv och berätta!

Berätta vad du ser på bilden!

_____
_____
_____
_____
_____
_____
_____
_____

72
Perfekt particip och passiv

Resultat	Vad har hänt?
Exempel: Matilda Jakobsson ligger nerslagen på marken.	Hon har blivit nerslagen. Hon har slagits ner.
1 Gardinerna är fördragna.	
2 Barnen har druckit upp mjölken.	
3 Emma är inlagd på sjukhus.	
4 Berit har tagit upp böckerna ur väskan.	
5 Mamma har tagit fram kläderna.	

Ordkunskap

Skriv substantiv, verb och adjektiv!

	substantiv	verb	adjektiv
Exempel:	ett ljus	ljusna	ljus
1			arbetsam
2	en likhet		

		livlig
	regna	
en skilsmässa		
	köpa	
		drucken
		hjälpsam
en trötthet		
		tacksam
	värma	
		född
ett mörker		
	intressera	
en lycka		

En bildberättelse

Skriv en berättelse med hjälp av bilderna!

73

"Man"

Skriv rätt form!

När _____ ska resa utomlands på _____ semester, måste _____ kontrollera att _____ pass är giltigt. _____ måste också packa ner _____ kläder och andra saker, som _____ vill ha med _____ på _____ resa. _____ vänner brukar ofta be _____, att _____ tar med _____ något spännande hem från _____ resa.

Vad säger man...

... *när någon säger*   Titta i textboken på sidan 219–220!

Exempel:

   Åh, förlåt!   *För all del!*

1 Min man har blivit sjuk.

2 Hur står det till?

3 Trevlig semester!

4 Hej, vi ses i morgon!

5 Ta gärna lite kött till!

6 Det är faktiskt min tur före er!

7 Oj, vad maten är dyr nuförtiden!

8 Hej! Det var länge sedan!

9 Glöm inte att dra ut strykjärnssladden!

10 Eva är väl en väldigt trevlig flicka!

Ordkunskap

Skriv substantiv och verb!

	substantiv	verb		substantiv	verb
Exempel:	ett bad	*bada*	20	en kunskap	
1	ett behov		21		köpa
2		betyda	22	ett ljus	
3	ett bygge		23		låna
4	en början		24	ett lås	
5		cykla	25		lära sig
6	en del		26	ett meddelande	
7		diska	27		parkera
8	en duk		28	en placering	
9		duscha	29		planera
10	en fisk		30	en presentation	
11		fotografera	31		promenera
12	en färg		32	en resa	
13		förlova sig	33		råna
14	en hjälp		34	en servitris	
15		hälsa	35		simma
16	en händelse		36	en skada	
17		kamma sig	37		sluta
18	kläder		38	en snö	
19		krama	39		spela

40	en student		46	ett val	
41		städa	47		vattna
42	ett svar		48	en visp	
43		tänka	49		växa
44	en tvätt		50	en övning	
45		tända			

Vad kan man göra med en …?

Exempel:

Man kan steka ägg i en stekpanna.

1

2

3

4

5

6. _____

7. _____

8. _____

9. _____

10. _____

11. _____

12. _____

13. _____

14. _____

15. _____

74

Ju ... desto

Skriv meningarna färdigt!

Exempel:

man/har/hög/inkomst-skatten/blir/hög

Ju högre inkomst man har, desto högre blir skatten.

1 Eva/bantar/mycket — hon/blir/slank

2 Vädret/är/varm — många/barn/är ute och leker

3 Vattnet/är/kall — få/människor/åker ut och badar

4 Man/röker/mycket — det/är farlig

5 Åke/köper/stor bil — bilen/är dyr

Ordkunskap

Skriv substantiv och adjektiv!

	substantiv	adjektiv
Exempel:	*en charm*	charmig
1	en blomma	

2	en ekonomi	
3		elektrisk
4		europeisk
5	ett hjärta	
6		intressant
7	en kyla	
8		ledig
9		möjlig
10	en nerv	
11		politisk
12	en praktik	
13	en sol	
14		svensk
15	en värme	

75

Ordkunskap

A *Skriv sammansatta ord!*

Exempel: en motor + en väg = _____*en motorväg*_____

1 en heltid+ett arbete=

2 en tull+en tjänsteman=

3 en försäkring+en kassa=

4 att leka+en kamrat=

5 en blomma+en bukett=

6 en nybörjare+en bok=

7 en banan+ett skal=

8 en taxi+en chaufför=

9 ett hus+en vagn=

10 ett kaffe+en kanna=

11 att bada+ett rum+ett skåp=

12 en bil+en olycka=

13 en metall+en industri+en arbetare=

14 att spara+ett lån=

15 ett lamm+ett kött=

16 att städa+en dag=

17 ett hemspråk+en lärare=

18 ett huvud+en värk=

19 en korv+en kiosk=

20 en del+en tid+ett arbete=

21 en tand+en borste=

22 en jul+ett lov=

23 en bostad+en förmedling=

24 en bensin+ett pris=

25 att hosta+en medicin=

26 att bada+en borste=

27 ett pris+en lapp=

28 en kväll+en tidning=

29 kall+ett vatten+en kran=

30 en bostad+ett bidrag=

31 en buss+en biljett=

32 en stad+en park=

33 en skola+ett barn=

34 en blomma+en kruka=

35 en födelse+en dag+en present=

36 en flicka+en cykel=

37 ett kök+en hand+en duk=

38 ett arbete+en förmedling=

39 en bensin+en kostnad=

40 en karta+en bok=

41 ett språk+en kurs=

_____

42 en mjölk+ett glas=

_____

43 att sopa+en borste=

_____

44 att köra+ett kort+en bok=

_____

45 en ficka+pengar=

_____

46 en konserv+en burk=

_____

47 ett år+en inkomst=

_____

48 efter+en middag+ett kaffe=

_____

49 fri+en tid+en gård=

_____

50 att baka+ett pulver=

_____

B *Vad kallas han?   Vad kallas hon?*

Exempel: **maskulin**   **feminin**

                           en far   *en mor*

1 _____   en svenska

2 en städare   _____

3 _____   en mamma

4 en morbror   _____

5 _____   en fransyska

6 en farbror   _____

7 _____   en kvinna

8 en svärson   _____

9 _____ en flicka

10 en vän   _____

Förkortningar

Vad betyder förkortningarna?

Exempel: FN = *Förenta Nationerna*

1 fr = _____   6 tr. = _____

2 moms = _____   7 DN = _____

3 SPB = _____   8 dvs = _____

4 f.n. = _____   9 t ex = _____

5 USA = _____   10 kr. = _____

En bildberättelse

Skriv en berättelse med hjälp av bilderna!